部門間のデータ連携を図り
収益を最大化する米国発の新常識

RevOps
レベニューオペレーション
の教科書

エンハンプ株式会社
川上エリカ
ゼロワングロース株式会社
丸井達郎・廣崎依久

MarkeZine BOOKS
SE SHOEISHA

はじめに

本書は、持続的に収益成長する生産性高い組織構築の方法論であるレベニューオペレーション（RevOps）について解説する日本初の書籍です。「オペレーション」という言葉の印象により誤解を招きやすいですが、**経営陣が成長リソースを効果的に配分し、収益性の高い成長投資を行い、リスクを排除し、レベニュー組織全体で共通の収益目標を達成するための戦略を支える考え方です。**顧客体験の向上や生産性高い収益成長を目指す営業やマーケティングのデジタル化に取り組む皆さま、経営者、レベニューリーダー、レベニュー組織※の皆さまに役立つ内容となっています。

■顧客データやテクノロジーが欠かせない時代

デジタルトランスフォーメーション（DX）のトレンドの中で、多くの企業が生産性向上を目指してテクノロジーを導入し、営業やマーケティングのデジタル化を進めてきました。しかし、実際にはテクノロジーの活用レベルの向上や成果の証明に苦戦している企業が多いのが現状です。生産性向上を目指して導入したはずのテクノロジーが、かえって企業を振り回し、人海戦術に逆戻りすることも少なくありません。また、テクノロジーやデータ活用のために、さらに多くのリソースが割かれていること

※本書で取り上げるレベニュー組織は、マーケティング、インサイドセールス、営業、カスタマーサクセスと、それらを支えるオペレーション部門で構成される。

とも問題です。

かつて、顧客は営業との接点を中心に意思決定をする直線的な購買プロセスをたどっていました。営業責任者の仕事は営業担当者や営業活動を管理することであり、デジタルとデータの活用や組織間の連携の優先順位は高くありませんでした。しかし時代は大きく変わり、顧客データやテクノロジーは競争力を高めるために不可欠な要素になりました。複雑化する顧客の購買プロセスにおいて発生する多くの課題は、営業という一部門だけでは到底対処できなくなったのです。単なる機能を分けた組織としてではなく、レベニュー組織としてのマーケティングやカスタマーサクセスと営業が本質的に連携することが顧客体験向上やそれによる収益成長の実現に欠かせません。

■ 執筆のきっかけ

私がこのRevOpsの学問への第一歩を踏み出すきっかけとなったのは、株式会社マルケト（現アドビ株式会社）との出会いにさかのぼります。2016年にマルケトは18億ドルで非公開化され、わずか2年後に大きく企業価値を向上し48億ドルでアドビに売却されました。この成長要因は企業買収含め多岐にわたりますが、**オペレーションモデルの標準化が可能な領域を徹底して標準化し、付加価値の高い領域にリソース**

を投入することで企業価値向上につながったのは間違いありません。セールスイネーブルメントや営業部門およびインサイドセールス部門を統括する中で、レベニュー領域におけるオペレーションモデルの科学への関心が深まりました。グローバル標準の実践的な営業方法論、収益化までのリードプロセス管理、部門ごとの責任範囲の設計、業績予測の考え方など、現場で自分自身が事業を牽引する立場で学びを深め、実践で成果を上げてきたからこそ得られた経験が、本書を執筆する今につながっています。

RevOpsは戦略であり戦術でもあります。すべての企業に当てはまる一律の型があるわけではありません。しかし、戦術を理解せずにやみくもにサッカーをプレーしても、勝率を高めるには多くの時間と労力を必要とするように、標準化された方法論を知らずにレベニュー組織の生産性を向上させようとするのは、非効率で高コストな取り組みになってしまいます。変化の多い時代において、付加価値の高い領域で競合優位性を発揮するためにも、標準的なオペレーションモデルを理解することには大きな意味があります。

それでは次章から、この成長の科学RevOpsについて学びを深めていきましょう。

2024年9月　エンハンプ株式会社　**川上エリカ**

第2章 CROとレベニュー組織が担う役割

第3章 RevOpsが統合するプロセス・データ・テクノロジー

第4章 RevOps専門組織を設立する

第5章 データドリブンな意思決定プロセスを構築する

第6章 RevOpsの実践

第7章

AI時代に向けてますます重要性が高まるRevOps

第8章 レベニューリーダーズのインタビュー

［凡例］
※表やグラフ等が海外の資料の場合、著者が適宜翻訳しています。
※第8章やコラムにおける各社の役職等は、取材時2024年7月時点の情報です。

ダウンロード特典のご案内

著者が運営する「レベニューオペレーション」のWebページ上では、レベニューオペレーションをこれから立ち上げる、もしくはすでに運用中の皆さまにご活用いただける「RevOpsテンプレート集」をご用意しています。
また、レベニュー組織について馴染みが薄い読者の方向けのコンテンツ「レベニュー組織の構成と役割」もご用意していますので、ぜひご活用ください。

ダウンロード特典データは、以下のWebサイトからダウンロードして入手なさってください。
▼RevOpsテンプレート集
https://revenueoperations.jp/

※ご利用にあたっては、エンハンプ株式会社およびゼロワングロース株式会社の上記Webサイトの利用規則等をご確認ください。

序章

注目されるRevOps（レベニューオペレーション）

01

持続的な収益成長を実現する重要な鍵

なぜシステム・テクノロジーを活用できないのか

本書の読者の皆さまにはマーケティングや営業のDXに取り組んできた方やこれから取り組まれる方も多いと思います。次のような悩みをお持ちではないでしょうか。

最適なテクノロジーがわからない
成果が上がらない、あるいは証明が実施できない
組織として再現性がない
測定と改善サイクルがまわらない

多くの企業から相談を受けるこれらの問題は、本書で取り上げている「オペレーションモデル」の設計で解決できるものがほとんどです。欧米企業と比較して、日本のデジタル化は遅れているといわれることがあります。著者はテクノロジーの導入や、実施している施策自体は、一部を除いて同等レベルだと考えています。ただし、このオペレーションモデルに関しては大きく遅れていることを認めざるを得ません。

標準的なオペレーションモデルの存在

欧米では、マーケティング、インサイドセールス、営業、カスタマーサクセスの役割と責任が明確化されており、マーケティングから営業にリードを受け渡すプロセス設計などのオペレーションモデルの議論をしっかりと実施したうえで、テクノロジーの選定・導入をするのが一般的です。また、組織的な運用を可能にするオペレーションモデルがデザインされているため、たとえ担当者1人が離脱してもダメージは最小限で済むのです。前提のオペレーションモデルに理解がある状態で議論がなされることで、テクノロジーの持つ本来の素晴らしさを生かすことが可能になります。

カスタマイズの罠

グローバル展開している多くのＳａａＳ型のツールは、その領域におけるベストプラクティスが集約された標準的なオペレーションモデルを前提に設計されています。レベニュー組織で活用されるレベニューテクノロジー（Revenue Technology：略称RevTech）は、レベニュープロセス※1マネジメント、リードマネジメント、パイプラインマネジメント、フォーキャストマネジメント※2、カスタマーマネジメントなど収益成長のための標準的な手法を前提に設計されており、製品の思想を理解しながら、自社のオペレーションモデルを設計し、活用することが重要です。

また、ＳａａＳは年間を通して複数回のバージョンアップが実施され、新たな機能が実装されます。**こうした追加機能や新しく誕生する親和性のある別製品も標準的なオペレーションモデルを前提に開発されます。**この標準的なオペレーションモデルから逸脱し、個別の事情に合わせカスタマイズを重ねてテクノロジーを活用するということは、将来享受できるかもしれない価値を放棄しているということです。

例えば、セールスフォースのＣＲＭ／ＳＦＡを利用していれば、複雑な開発をする

※1 企業が収益を最大化し、持続的な成長を達成するために行う一連の活動やステップ
※2 将来の売上や業績を予測し、その精度を向上させたり、その情報を元に計画を立てるプロセス。効果的なフォーキャストマネジメントは、経営戦略の決定やリソース配分の最適化において重要な役割を果たす

ことなくエコシステムにある世界中のテクノロジーと簡単に連携することが可能です。また、今後の展開が期待されるＡＩなどの先進的な機能の活用も同様です。生産性向上や今後の拡張性を想定すれば、多少のライセンス費用の高さはトレードオフだという判断もできるでしょう。繰り返しになりますがこれらのメリットの享受は、標準的なオペレーションモデルを使用していることが前提となります。

とはいえ、自社は特殊だから標準のシステムが使えなくても仕方ないと思う方もいるでしょう。国内外問わずどのような企業であっても同じように自社の特殊性を認識しています。完全に他社と同じオペレーションを実施すればよいといっているわけではなく、標準的なオペレーションモデルを理解し構築している企業と、そうではない企業では致命的な差がでてしまいます。ゼロから悪戦苦闘しリソースを消費するよりも、価値創造やＧＴＭ戦略（Go-To-Market戦略、市場開拓戦略）のブラッシュアップ、データ活用レベルの向上など、**より競合優位性を発揮する付加価値のある領域にフォーカスすることで持続的に成長可能な再現性ある組織へと進化できるでしょう**。

これからのＡＩ時代に、適切にテクノロジーを活用しレベニュー成長を進めていくためにもRevOpsの役割と重要性は今後も増していきます。

02

個の力から、専門性の高い協業組織モデルへ

レベニューオペレーション（Revenue Operations：略称RevOps）は**持続的な収益成長を実現するためにレベニュー組織の協業プロセスを強化し、戦略や戦術面で生産性向上を支援する方法論であり役割です**。信頼できるデータにもとづいた一貫性のある活動をレベニュー組織が実践することによって、顧客の信頼を得てビジネス成長を加速させることができます。

顧客のニーズをくみ取り、最適なソリューションや価値を提案し、顧客の成功を支援するレベニュー組織は、ソフトウェア業界で生まれた組織モデルを参考にしながら、ここ20年ほどで大きく変化が見られた部門といえます。

レベニュー組織の変遷

かつては営業人員を多く確保することがビジネス成長にとって重要な施策でした。しかし少子高齢化が進む今、大量の営業リソースを前提とすることは非現実的であり、1人あたりの生産性向上が不可欠となりました。2000年にセールスフォース・ジャパン（当時セールスフォース・ドットコム）が日本進出して以降、企業規模問わずCRM／SFAの導入が進み、営業の生産性向上に役立つ一般的なテクノロジーとして定着化しています。

2016年頃からは日本でもマーケティングオートメーション（MA）が注目され、営業の前工程であるマーケティングが受注可能性の高いリードを引き渡すことによって生産性を上げていくマーケティングによる営業生産性の向上に焦点があたりました。

そして昨今ではIT業界に続いて、業界問わずサブスクリプション型、コンサンプション型（利用料を基準とする課金モデル）など経常的に収益が発生するビジネスモデルで製品・サービスを再パッケージ化する流れがあります。図0-1のグラフが示すように成長ドライバー指標である継続率やアップセル／クロスセル（上位モデルや追加サー

■ 図0-1：1%の解約率の変化でレベニューは大きく異なる

リテンションと解約がARRに与える影響

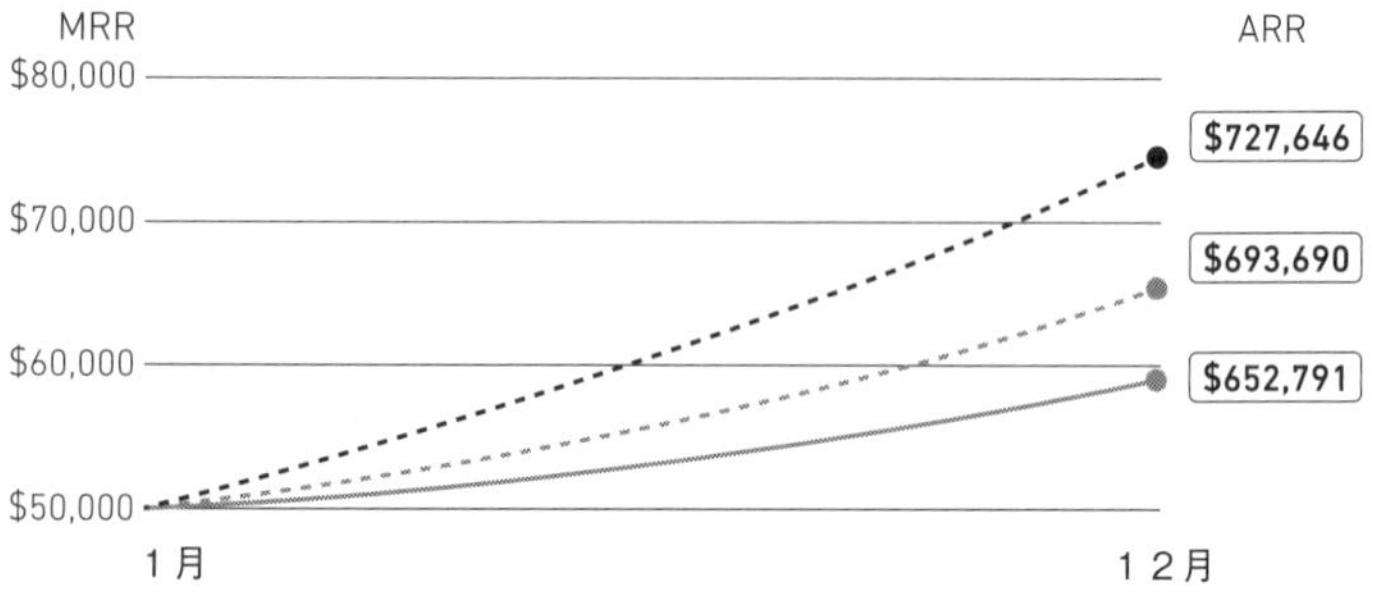

月次の解約率	1月	12月
4%	1000	1490
5%	1000	1326
6%	1000	1181

開始ユーザー数：1000
月額利用料金：$50
月間成長率：8%

出所：Heap「Understanding Customer Churn & Improving Retention」

ビス、別製品の提案）を担うカスタマーサクセスの存在によって収益インパクトをもたらすことが期待されています。このビジネスモデルの変化によって、顧客へのアプローチは従来の一方通行のファネル型から、循環型のアプローチが主流になりました。短期と中長期視点で営業とカスタマーサクセスが連携することで生産性向上を実現します。

また、**ＰＬＧ（プロダクト・レッド・グロース）という営業やマーケティングではなく製品自体でユーザーを拡大し、収益を伸ばす事業戦略に注目する企業が増えました。**

ＰＬＧは営業やマーケティングのコストを抑えられるため投資家からも好意的に見られます。ＰＬＧでよく採用されるビジネス

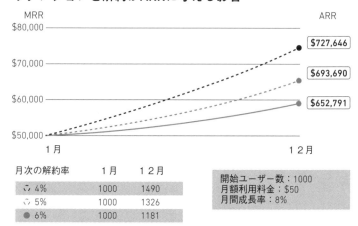

モデルにフリーミアムモデルがあります。Zoomはフリーミアムモデルの好例で、基本サービスを無料で提供し、有料版に移行してもらうことで収益を得て成功しています。例えば、社員が他の企業からZoomリンクを受け取り、無料で使用し始めると、その便利さから社内に広がります。やがて、無料版の制限に不満を持つ社員の声がＩＴ部門に届き、企業として有料版の導入に至るのです。

　同様に営業中心に売上を拡大する組織をＳＬＧ（セールス・レッド・グロース）、マーケティング中心に売上を拡大する組織をＭＬＧ（マーケティング・レッド・グロース）と呼びます。これらを総称してＧＴＭモデル（ゴー・トゥ・マーケット・モデル）と呼びます。ＧＴＭモデルによってレベニュー創出方法や注力すべき点が全く異なります。本書で紹介するＳＬＧの一般的なレベニュー組織モデルは1つの例に過ぎず、必ずしもすべての企業にとって正解とは限りません。企業ごとに異なる製品や市場に応じて、最適なＧＴＭモデルを1つまたは複数選択し、適切に適用することが重要です。ただしどのＧＴＭモデルも、**かつてのような営業の属人性といった個に依存するモデルではなく、専門性とテクノロジーを駆使した協業モデルへと変化を遂げています。**

持続的なビジネス成長を実現するレベニュープロセス構築

モノづくりの世界では、高い品質の製品を最大限のスループット（生産効率）で生産するために、プロセスを厳格に管理し、非常に細やかなマネジメントと分析が実施されています。生産の無駄を排除し、効率を最大化することを目指すトヨタ生産方式（TPS）のジャストインタイムや自働化といった概念は日本で生まれ、後に「リーン生産方式」として欧米で広まりました。そして欧米のビジネススクールで研究が進められ、体系化された学問となり、IT業界やマーケティングにも応用されました。つまり、日本の製造業に端を発する学問が営業とマーケティングの世界に転用されています。それがCRM／SFAやMAを活用した生産性向上です。

スーパースターのような優秀な営業1人のインパクトは組織全体で見ると限定的で、採用も容易ではありません。その営業のノウハウによって組織全体の生産性を3倍にすることは、難易度が高く時間を要します。システムでアプローチに一貫性と再現性を持たせ、自動化することで組織全体のパフォーマンスを持続的に維持しビジネス成長を実現できます。システムとは、**共通の目標を達成するために一体となって動くも**

のの組み合わせです。レベニュー組織は今、ビジネス成長を科学し、再現可能な成功プロセスを構築する必要性に迫られています。

テクノロジーの進化に加えて2020年に発生した新型コロナウイルス感染症（COVID-19）の流行により、リモートワークやオンライン商談に迅速に適応する必要性に迫られ、レベニュー組織は劇的なスピードで変化を遂げました。ツールやプラットフォームの導入により、顧客データの収集と分析が飛躍的に向上し、より効果的なマーケティングと営業戦略が可能になりました。変化のスピードが速い不確実な時代においては、テクノロジーを含めた投資の収益効果の証明が求められています。

03

分断するマーケティング・営業・カスタマーサクセス

なぜ組織は対立するのか？

レベニュー組織の各フィールド部門（マーケティング、営業、カスタマーサクセス）には、それぞれ期待される役割を踏まえて専門性の強化と生産性向上が求められます。先ほど、システムとは「共通の目標を達成するために一体となって動くものの組み合わせ」であるとお伝えしました。しかし多くの場合、各部門が自身の目標を達成しようとした結果、組織の分断が起きています。例えばマーケティングが目標のリード獲得数を達成し続けている一方で、営業は受注目標を達成できていないといったことが一例として挙げられます。このレベニュー組織のサイロ化によって、次のような課題が発生してしまいます。

サイロ化が引き起こす課題

■組織文化への影響

目標やKPIが部門ごとに目線が異なることで組織のサイロ化が進むと、部門間の対立が発生します。組織としての統一感はなくなり、働く社員のモチベーションは低下してしまいます。

レベニュー目標の達成を共通ゴールに、適切な目標設定がなされていれば、営業はマーケティングと密に連携を図り、供給された適切な質のリードによって受注目標を達成できるでしょう。

■データドリブンな意思決定の阻害

組織のサイロ化はデータのサイロ化も引き起こします。部門間でデータが共有されないことで、全体像が見えずに誤った判断をしてしまう可能性が高くなります。

シームレスにデータがつながれば、例えばカスタマーサクセスのリソースが逼迫《ひっぱく》している要因は、前工程のレベニュー部門で本来製品・サービスがフィットしないターゲットに対してマーケティング活動や営業活動を実施してしまっているからだと気づくことができるでしょう。

■顧客体験の質の低下

データが分断しているということは、部門を超えた瞬間から一貫性のない顧客対応が発生してしまうことと同義です。問い合わせ窓口が変わると顧客は何度も同じことを説明しなければなりません。また、ブランドの一貫性は、企業の価値観やビジョンを顧客に明確に伝えるための重要な手段です。

一貫した購買体験の提供ができていれば、顧客からの信頼感は高まり、継続的に自社の製品・サービスを選択してもらえ、潜在的な顧客の紹介などさらなるレベニュー成長へのサポーターを生む可能性があります。

■業務効率の低下

サイロ化によりプロセスが分断されると、当然業務は非効率になってしまいます。

重複した業務が発生するので、人的リソースを無駄に消費しています。

部門間での協業がスムーズになれば、リソースを最適に活用可能です。結果として、プロジェクトのスピードが上がり、全体的な業務効率が改善されるでしょう。また、時間とリソースが有効に活用されることで、組織はより多くのイノベーションや成長機会に焦点をあてられ、競争力の向上にも寄与できるかもしれません。

これらのサイロ化による課題を解決するものとしてRevOpsは近年注目を集めています。

04

アマゾン、グーグル、マイクロソフトでも採用されるRevOpsチーム

新たな波から一般に普及する段階へ

RevOpsはまだ比較的新しい概念ですが、その起源はマーケティングと営業の連携の必要性が認識された２０００年代初頭にさかのぼります。そして序章02節で解説した変化に伴ってこの20年間で、その緩やかに定義された概念から、確立された組織機能へと進化し、現在では多くの企業がRevOpsの専門部門を持つようになりました。主にＩＴ業界では２０１８年ごろから多くの企業が導入しており、他の業界と比較すると5年ほど進んでいるといえるでしょう。

近年では、この流れが銀行や保険などの金融サービス、製造、ヘルスケア、コンサ

ルティングや人材サービスなどのビジネスサービスにも広がってきており、イノベーター理論でいうと、アーリーマジョリティの段階にすでに入っています。世界的に見ると米国が最も成熟している地域ですが、欧州やインドなどのアジア諸国のIT企業でも積極的に取り組んでいます。世界最大規模のICT（情報通信技術）リサーチ&アドバイザリー企業であるガートナーの予測※によると、2025年までに世界で最も成長率の高い企業の75%がRevOpsモデルを導入するといわれています。

グローバルのRevOps専門チームによるデータ活用

売上成長においてレベニュー組織の強固な連携が重要であることは理解いただけたかと思います。収益性のあるマーケットに対して、組織で一枚岩になって一貫した活動となるよう取り組む必要があります。

そのため、RevOpsの方法論に注目が集まり、多くの企業でRevOpsが組織化されています。組織名称はRevenue Strategy & OperationsやGTM Strategy & Operationsなど企業によって異なりますが、LinkedIn（リンクトイン）で検索するとアマゾン、グーグル、マイクロソフトなどはもちろん、スタートアップ企業においてもRevOpsが組

※出所：ガートナー「Gartner Predicts 75% of the Highest Growth Companies in the World Will Deploy a RevOps Model by 2025」

織化されていることがわかります。

米国のデータオートメーションプラットフォームであるOpenprise（オープンプライズ）の2024年の調査※1によると米国でRevOpsの部門または役割があると答えた企業は67・5%にのぼりました。

2024年9月米国サンフランシスコで開催のRevenue Operations Alliance（レベニューオペレーション・アライアンス）主催のRevOpsに関するカンファレンス※2ではメタのGlobal Revenue Operations（グローバル・レベニューオペレーション）のシニアディレクターによる、プロセスを合理化し、収益の予測可能性を高め、明確で実行可能なRevOpsの年間計画を作成する方法についてのセッションや、グーグルのRevenue Strategy and Operations（レベニューストラテジー・アンド・オペレーション）の責任者から、さまざまなGTM戦略を分析し、中小企業や新興企業が長期的な計画を通じて拡大と成長を促進するための重要なポイントが共有されるなど、RevOpsに関する取り組みや成果が共有される場も活発に持たれています。

そしてAI時代の本格的な到来に向けて、もうグローバルでは「AIをどう利用するか？」ではなく「このようにAIを使った結果、このような未来が見えた」という内容に変わっています。

※1 出所：「The 2024 State of RevOps Survey」（RevOps Co-opとMarketingOps.comに属するコミュニティメンバー数百名に対する調査結果）
※2 出所：Revenue Operations Alliance（https://events.revenueoperationsalliance.com/location/sanfrancisco/speakers）

■ 図0-2：データ利用調査

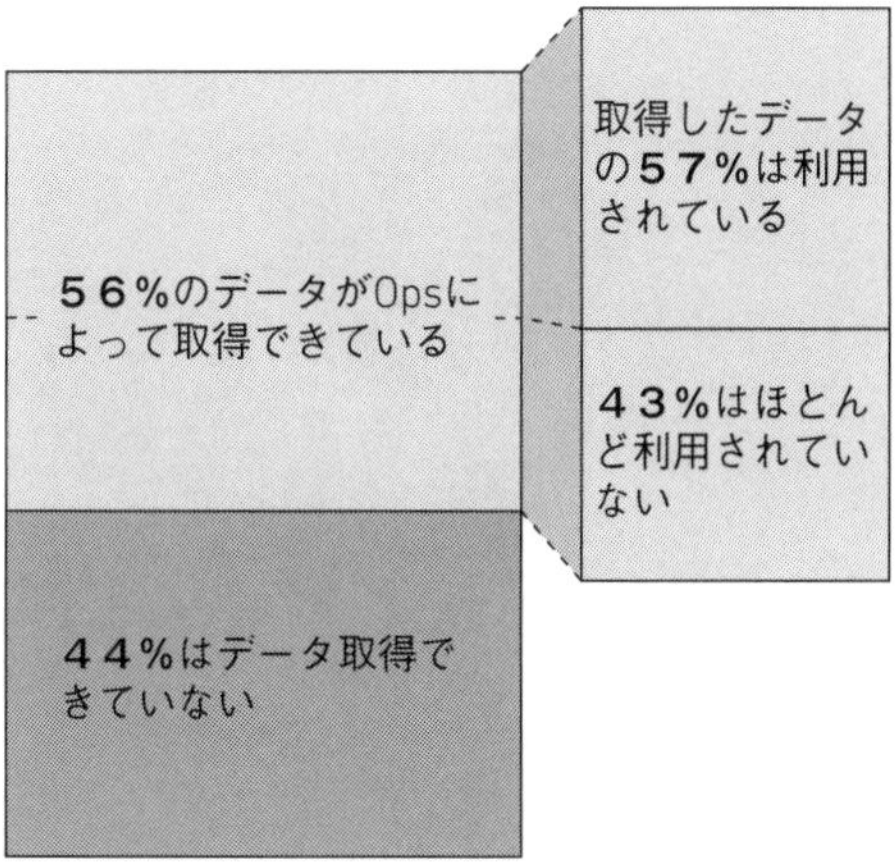

出所：IDCとシーゲート「RETHINK DATA Put More of Your Business Data to WorkFrom Edge to Cloud」

しかし、今も膨張し続けるデータの活用は、いまだ限定的だという企業が多いのが実情です。IDCとシーゲートによる2020年の（図0-2）では、企業が本来活用できるすべてのデータの44%が収集されないままであり、収集されたデータのうち43%が未使用のままであると推定されています。現在、実用化されているデータは全体の3分の1に過ぎないという調査結果からわかるように、7割のデータは蓄積されているだけ、または活用できるのに明るみにでていないという現実です。

戦略を実現するための組織やプロセスのデザイン、テクノロジーやデータの活用を推進するRevOpsの重要性は年々増しています。

第1章

収益拡大を実現するRevOpsの価値

01 コラボレーションを強化し収益成長を実現

RevOpsの4つの役割

RevOpsは、プロセス、データ、テクノロジーの統合によって組織連携を強化し、GTM戦略の実現や顧客体験を向上できるオペレーションモデルを構築します。レベニュー組織のサイロ化を取り除き、レベニュープロセス全体を通してデータを可視化することで、健全なプロセス改善や収益成長を促します。詳細は第4章で解説しますが、**RevOpsを構成する役割は大きく分けてオペレーションマネジメント、レベニューイネーブルメント、RevTechマネジメント、データマネジメント・インサイトの4つがあります**（図1-1）。本章では、RevOpsがもたらす価値の理解を深めることを目的

■ 図1-1：RevOpsの構成要素

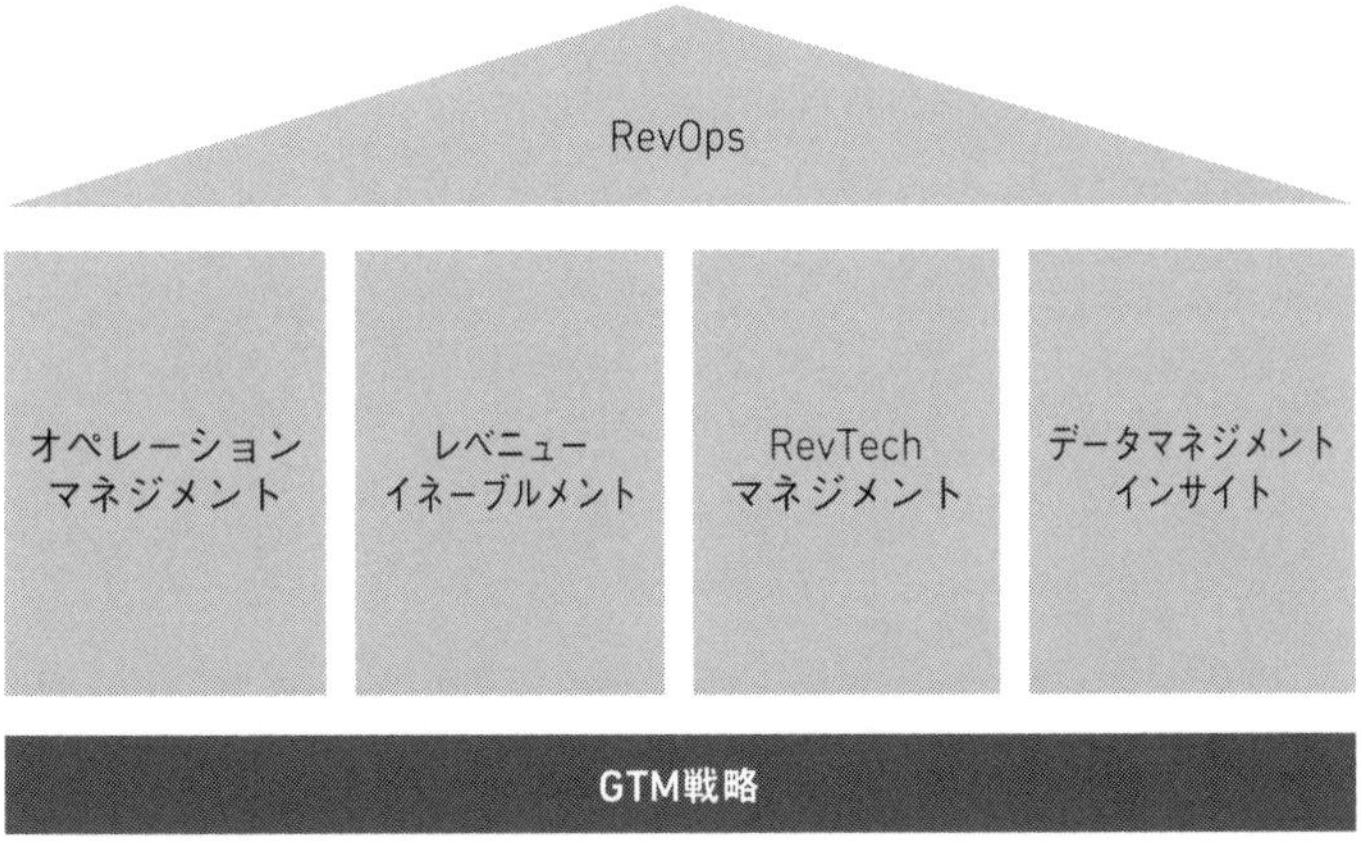

RevOpsは経営の戦略立案をサポートし、それを実現するための4つの要素で構成される

にまずは概要を紹介します。

●オペレーションマネジメント

オペレーションマネジメントは、レベニュープロセスの最適化と効率化を実現します。プロセス設計・標準化によって、レベニュー組織の業務効率を向上させ、人材・時間・コストなどを効率的に配分し、最大の効果を発揮できるように支援します。KPI目標を設定し定期的に評価やフィードバックをして、リソースやパフォーマンスを管理・改善します。

●レベニューイネーブルメント

レベニューイネーブルメントは、収益向上のためにフィールド組織の能力を最大限に引き出します。ＧＴＭ戦略やレベニュープロセスを踏まえて、レベニュー組織の各フィールド部門がシームレスに連携し顧客に価値提供できるように、トレーニングプログラムの開発、コーチング、コンテンツの提供・整備、テクノロジーの導入や利活用促進、インセンティブの設計などのトレーニングや育成全般を担います。また、フィールド組織が顧客とのコミュニケーションで活用できるコンテンツをＧＴＭ戦略と連動した形で作成・整備することで、一貫したメッセージで顧客に価値提供できます。フィールド組織が高い生産性で業務を遂行するための最適なテクノロジーの導入や活用支援、戦略上重要な活動に焦点を当てて行動できるようなインセンティブ設計をＣＲＯ（チーフレベニューオフィサー、最高レベニュー責任者、詳細は第2章01節）やファイナンス部門と連携して実施します。

● RevTechマネジメント

RevTechマネジメントは、フィールド組織が効果的に連携し、データを活用するためのテクノロジーの導入、統合、維持管理を担います。テクノロジーの導入においては、ＧＴＭ戦略の実現に向けて効果的なテクノロジーを選定し、そのテクノロジーの能力を最大限発揮できるように構築やワークフローの自動化、他システムとの統合をします。自動化に適した領域や、新技術の活用領域を特定し、より効率的で合理的なオペレーションに進化させることも期待されています。

●データマネジメント・インサイト

データマネジメント・インサイトは、ＣＲＯやフィールド組織にビジネス判断をサポートする情報を収集し提供します。各部門や顧客から収集したデータを整理し一元的に管理し、定量的な分析と定性的な分析の両方を行い、トレンドやパターンを見つけ出します。分析結果をレポートとしてまとめ、各関係者に戦略や施策を提案し、データにもとづく意思決定を促します。

これら４つのRevOps機能を持つことによって得られる価値については、本章02～05節で紹介します。

02

共通の目標達成を目指すレベニュー組織間の連携強化

レベニュー組織と機能別組織

2000年代初頭に米国で一般化し始めたレベニュー組織モデルは、日本でもセールスフォースなどのSaaS製品の普及と2019年に刊行された福田康隆氏著の『THE MODEL（MarkeZine BOOKS）』の影響で多くの日本企業でも認識されるようになりました。一方で、それが真に意図する形で浸透していないという現実もあります。当時株式会社マルケト（現アドビ株式会社）で営業部長を務めていた著者（川上）は顧客から、「弊社もTHE MODELを導入したい」「THE MODELにならってインサイドセールス部門を立ち上げたい」という相談を多くいただきました。「THE MODELとは、マーケティング、インサイドセールス、営業、カスタマーサクセスといった各役割を分業する組織体制や中間指標の管理のことだ」という誤解が生じていたのです。責任範囲を明確化し役割を分けた分業型の組織モデルであればレベニュー組織かというと決してそうではありません。そのような単に機能として分けているものを「機能別組織」と呼びます。収益や企業価値を成長させるためのレバーの1つが営業とマーケティングの本質的な連携です。

サイロ化された機能別部門の1つであるマーケティングや営業だけでは、持続的な成長を実現することは到底できないのです。

機能別組織による問題

機能別組織においてよく起きる問題の1つが、バラバラのゴールを見据えた活動です。例えば、マーケティングではリード獲得をゴールとして量を求めたマーケティング活動を実施すると、インサイドセールスはリードの選別にさらに時間がかかってしまいます。そして、インサイドセールスがアポイントの獲得をゴールに、リードの検討状態やターゲットとの整合度合いにかかわらず営業に引き渡すと、営業は本来集中すべき商談に注力する時間が削がれてしまいます。営業は新規の受注をゴールに、製品と顧客課題が本質的にマッチしていない場合でも「まず売る」ということを最優先に活動すると、カスタマーサクセスは難易度の高い解約防止に多くのリソースを割くことになります。

人には組織が分けられた時点で敵対意識や見えない壁を持ってしまうという性質があります。それを加速させてしまうのが共通化されていないゴールの設定です。

オペレーションモデルの欠落による問題

共通のゴールに向けた指標を設けることは取り組みの第一歩として一般的です。ただし、オペレーションモデルが欠落していることによって、うまく共通のゴールを追いかけられないという問題も発生してしまいます。

各レベニュー部門で売上をゴールに設定し、単純に逆算した指標で考えてしまうことも多いのではないでしょうか。自社の売上を昨年の倍にするというゴールの場合、売上拡大を目指し営業人員を増やして優秀な営業を管理職に昇進させる、一時的には受注率が下がります。それを踏まえて逆算すると、マーケティングでのリード獲得やインサイドセールスで創出すべき商談機会の数は3、4倍必要だということになります。しかし当然ながらマーケティングの投資予算は4倍にはなりません。そして、とりあえずやってみようという施策があふれ、マーケティングの成果を数値で証明できず、改善サイクルが回らず、個人に依存した業務になって、誰か1人が離脱すると崩壊するような再現性がない組織になってしまいます。

本来は、レベニュー組織それぞれの役割と責任の明確化、レベニュープロセスマネジメント、リード獲得から受注に至るまでのリードの受け渡しプロセスの設計、測定モデルの決定など、いわゆる戦術（オペレーションモデル）の設計に時間をかけて密に議論していくものです。つまり、システムを含む要件定義を実施したうえで、テクノロジーの導入や施策を実行していくということです。組織としてデザインされていれば、1人の離脱によって致命的になることもなく、成果の証明や測定モデルも明確になります。

RevOpsが生み出す組織間の連携強化

レベニュー組織の連携強化の第一歩は、オペレーションモデルを理解したうえで共通のゴールを意識した組織設計とすることです。ゴールは「売上目標」「売上総利益」「新規の受注金額」などの収益に寄与する指標をレベニュー組織全体で意識し、各部門がゴール達成のために目指すべき目標の数値を合意します。

例えば、マーケティングではマーケティングクオリファイドリード（MQL）※1のクオリティと数量や受注全体に対するマーケティングの貢献割合、インサイドセールスではセールスアクセプティッドリード（SAL）※2のクオリティと数量や受注貢献割合、営業では新規受注金額と商談化からの受注率、カスタマーサクセスではリテンション率（契約継続率）やチャーン率（契約解約率）などを指標としてレベニュー組織間で共有し合意をとります。

一連の受注までのステップで行うリードの受け渡しプロセスを決定する際は、一度合意して終わりではなく自社を取り巻く環境の変化に応じて柔軟に調整できるようにフィードバックと改善を回していく必要があります。RevOps Difference Report※3によると、統合されたチームを持つ企業の88%がレベニュー目標を達成または上回ったという結果がでています。RevOpsは、レベニュープロセスが分断されないオペレーションモデルの設計によって、本質的な組織連携を強化します。

※1 マーケティング活動を通じて収集されたリードのうち、営業と合意された一定基準を満たし営業部門に引き渡す価値があると判断されたものを指す。
※2 MQLのうち営業が受け入れフォローアップする準備ができているものを指す。

03

ファイナンスにも影響を与えるデータドリブンな戦略的意思決定プロセスの構築

サイロ化されたXOps組織

RevOps組織が確立される前の欧米では、各部門のトップであるマーケティング責任者、営業責任者、カスタマーサクセス責任者の配下に、マーケティングオペレーション（MOps）、セールスオペレーション（SalesOps）、カスタマーサクセスオペレーション（CSOps）がそれぞれが設置されていることが一般的でした。日本でもオペレーション部門を持つ企業では、そのような組織モデルになっていることが多いと思います。オペレーションモデルが段階的に整備されてきたということです。

それでは、MOps, SalesOps, CSOpsというそれぞれの部門にあったオペレーション

※3 出所：RevOps Difference Report「The RevOps Difference」
https://www.pedowitzgroup.com/resources/revenue-operations-report/

組織が1つのRevOps組織になることにはどのような意味があるのでしょうか。

これについては、第8章のレベニューリーダーズインタビューでOpenprise（オープンプライズ）のCEOであるエド・キング氏もデータのバイアスについて興味深い話をしています。それぞれのフィールド部門配下のオペレーション部門では、所属する部門に忖度したデータを提示していることが多く、そのバイアスがかかったデータを正として経営判断は実施できません。各部門の主張としては正しく見えても、レベニュープロセス全体を通して見ると正しいものかわからないのです。

例えば、マーケティング活動のデータを扱うMOpsでは、キャンペーンの効果を説明する際に、ある特定のキャンペーンの成功を際立たせるようなデータを提示したり、営業活動に関するデータを扱うSalesOpsでは、フォーキャスト（業績予測）を誇張して実際の状況よりも収益を大きく見込めるかのようなデータを提示してしまったりします。

フィールド部門とは別にオペレーション機能を持つRevOpsがあることで、データを扱う側の意図や解釈に左右されず、経営判断にとって信頼性が担保された価値あるデータになるのです。

RevOpsとファイナンスの関係

RevOps組織は、収益や事業成長に向けた舵取りにおいて重要な役割を果たします。

そして、ファイナンス部門とも大きく関連します。RevOpsがレベニュープロセスの効率化や営業やカスタマーサクセスによる収益に影響する数字の予測やインセンティブ制度設計などの活動を行うのに対して、ファイナンス部門は企業の財務に関わるリソースの管理、保護、最適化を担います。

つまり、RevOpsは収益成長を促進し、ファイナンス部門はその結果としての収益を管理します。RevOpsが策定する戦略はファイナンス部門の財務データに影響を与えますし、ファイナンス部門が策定する財務戦略や制約条件は、RevOpsの意思決定にも影響を与えるものです。RevOpsが取り扱うデータやそこから導き出されるインサイトによって、ファイナンス部門は高い精度でフォーキャストを実施でき予算編成に役立てられます。また、市場の変化や動向の理解によって、自社製品の価格戦略にも影響を与え、競争力や収益性にも寄与します。持続的な成長を目指すために、RevOpsとファイナンス部門の協調関係はとても重要なことです。

戦略的意思決定を支援するRevOps

データにもとづいた戦略的な意思決定はビジネスの基本です。**だからこそ、RevOpsではデータそのものを単に提示するのではなく、データをどのように解釈しどのような仮説が立てられるのかを示すことが重要です。**

先に述べたように各部門が異なるデータソースを持っている場合、断片的な情報から判断するとデータに矛盾が生じてしまう可能性があります。RevOpsが統合したデータを活用することで、顧客の行動パターンや優先事項を把握し、より効果的なビジネス戦略を策定できます。これまで重複していたかもしれない無駄な作業を削減することにも有効です。各部門がそれぞれ管理していたシステムなどから得られるデータだけではなく、統合されたデータにアクセスできることで、情報の共有が容易になります。統合されたデータは、顧客に関するあらゆる情報を可視化するので、マーケティングはさらに効果的なキャンペーンの企画を実現でき、営業やカスタマーサクセスはアップセルやクロスセルの機会を見逃さず、高い精度のフォーキャストによって収益成長を実現できます。

04

シームレスかつ一貫性のある顧客体験の構築

進化する顧客の購買プロセス

潜在顧客に自社製品を認知してもらい、そこから顧客やロイヤル顧客になってもらうまでの一連の購買プロセスは複雑化してきています。

今から20年ほど前は新規の営業といえば飛び込み営業が主流でした。時は流れ顧客の購買行動も変化する中で（図1-2）、売り手本位のタイミングや伝え方ではなく、**一連の購買プロセスの中で組織的に一貫性のある質の高い顧客体験の提供が求められています**。

■ 図1-2：複雑化するBtoBのバイイングジャーニー

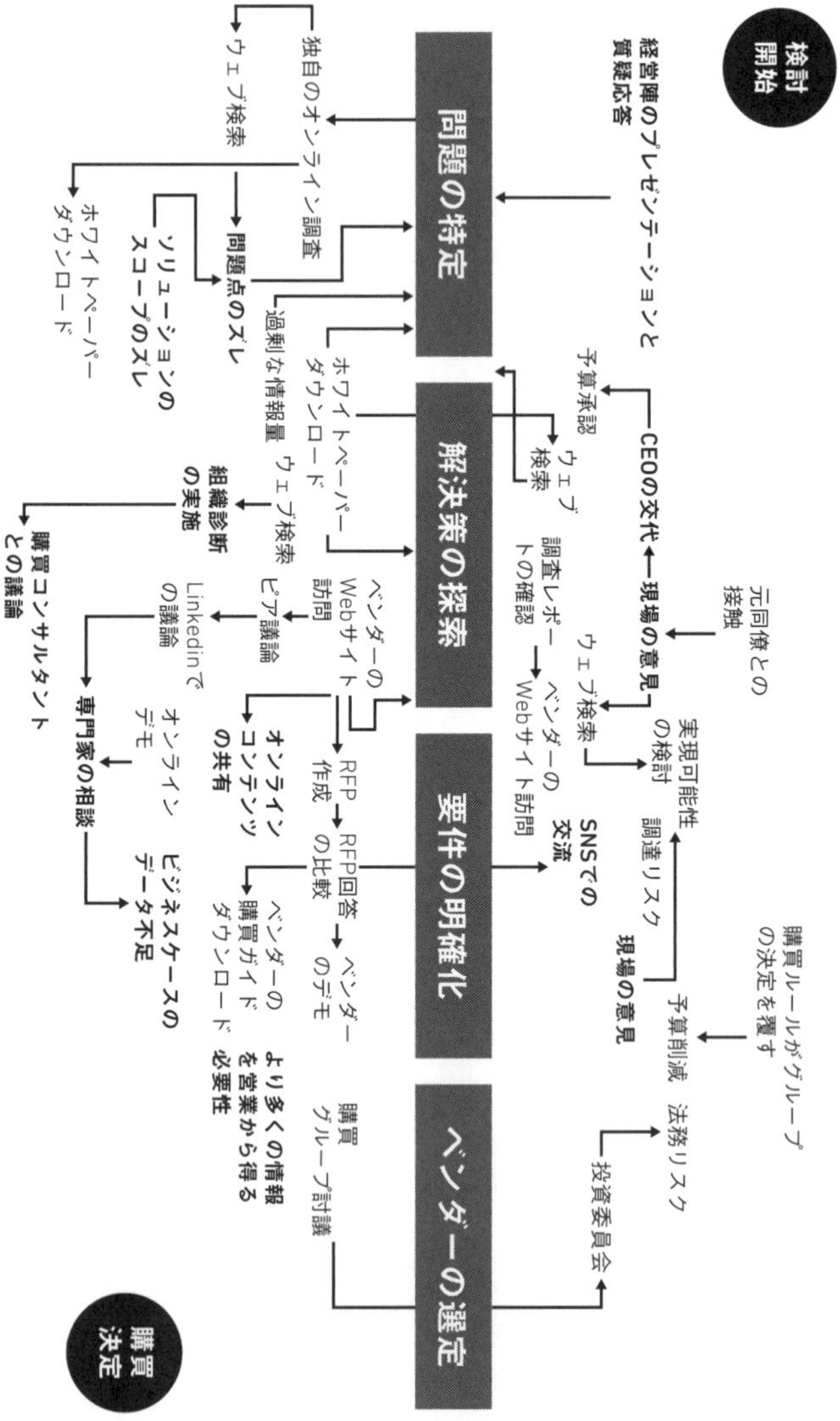

出所：ガートナー「New B2B Buying Journey & its Implication for Sales」https://www.gartner.co.uk/en/sales/insights/b2b-buying-journey

分断された組織で起きる残念な顧客体験

少なからず読者の皆さまも顧客として製品やサービスと関わる中で購買体験に違和感を持ったことはあるのではないでしょうか。

例えば、A社は顧客の購買フェーズに合わせてマーケティング、営業、カスタマーサポートといった部門に分けてコミュニケーションを行っています。これらの部門は独立して運営されており、それぞれが異なるデータベースやシステムを使用しています。顧客は製品に関連するWebサイトを訪れ、メールマガジン購読や資料ダウンロードなどの情報収集を実施します。マーケティング部門ではこの顧客の行動データにもとづいて広告を表示するので、必要な情報が適切なタイミングで届くことに顧客は心地よさを感じブランドへのエンゲージメントは高まるかもしれません。しかし、この顧客が営業部門と接触したとき、これまで収集してきた情報は全く引き継がれません。営業部門はこれまでの顧客行動やそこから導き出される顧客の興味関心のインサイトにアクセスできず、本来そこから導き出せる仮説を提案に生かせません。その後、購買に至った顧客がカスタマーサポートに問い合わせても、これまでの検討の経緯や購買の背景などのデータをカスタマーサポートは持っていません。そのため顧客は、対応部門が変わるたびにまた自分の状況を何度も説明し、ストレスを感じることになります。

このような状況では、購買体験の満足度は決して高くはなりません。質の悪い購買体験は、顧客が自分のニーズや好みを理解していないと感じる原因や、契約後の顧客を大切にしていないと感じる原因にもなります。結果として、顧客が次の検討タイミングで競合他社の検討を視野に入れてしまう可能性を否定できないでしょう。

RevOpsの中心は顧客

第1章02節と03節でオペレーションモデルやRevOpsが提供するデータの重要性についてはは述べた通りですが、いずれも中心にいるのは顧客です（図1-3）。**RevOpsが担うレベニューイネーブルメントも、顧客を中心に設計すべきです。**

ガートナーによると※2026年までに、イネーブルメント部門の60%がレベニュー組織全体を対象としたイネーブルメントを担うといわれています。実際に、営業や営業マネージャーのみをイネーブルメントの対象とするのではなく、マーケティ

※出所：2022 Gartner Sales Enablement Benchmark Survey「What user communities/roles does your sales enablement function support?」

■ 図1-3：レベニューイネーブルメントエコシステム

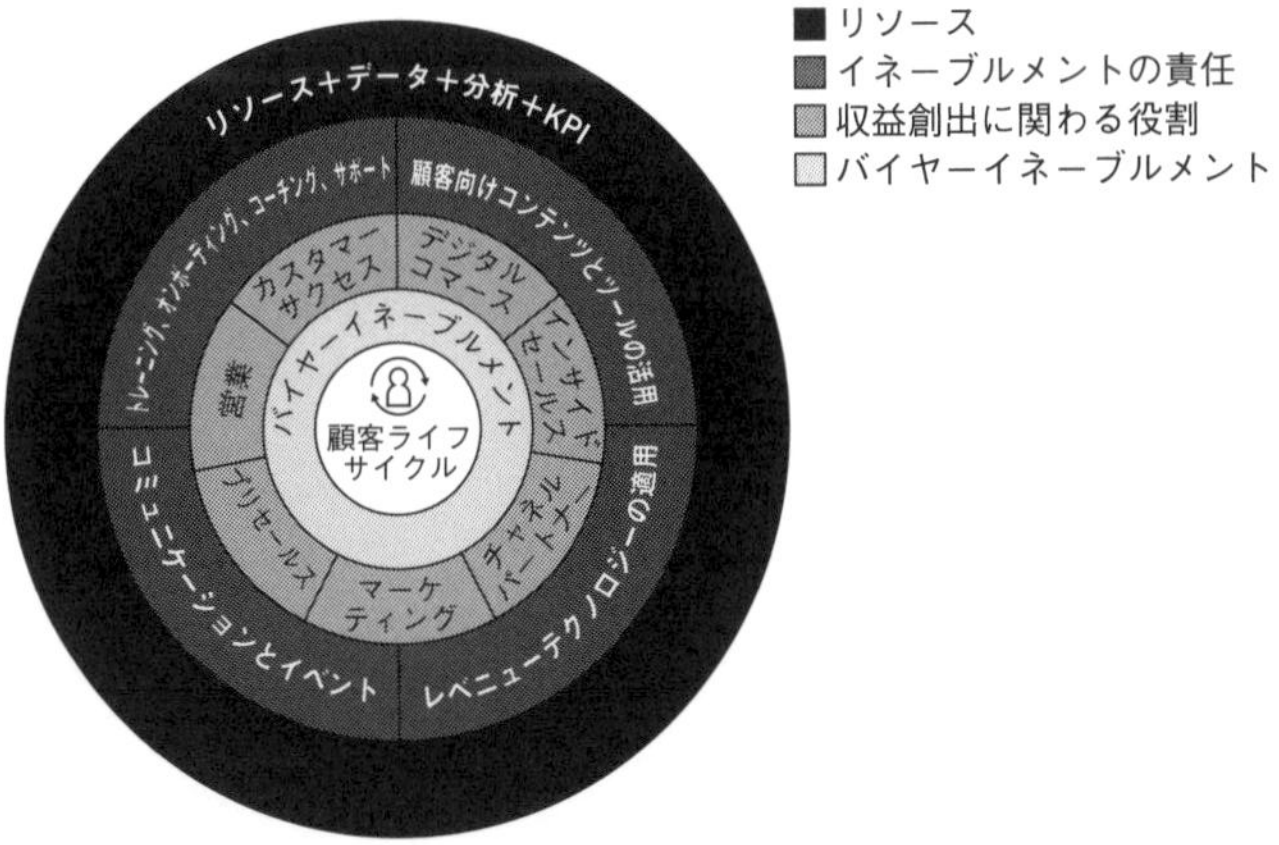

出所：Gartner

ング、インサイドセールス、カスタマーサクセス、パートナー営業など他のレベニュー組織への支援も開始しているイネーブルメント部門も増えてきています。顧客を中心に据え、各レベニュー部門が一貫性を持った活動をするために、トレーニングやコーチングなどの育成支援、コンテンツの整備、テクノロジーの活用レベルの向上支援、インセンティブ設計や部門間のコミュニケーションの円滑化などを担います。これは単純にセールスイネーブルメントの取り組みを他の役割にも個別に適用させていくだけでは実現できません。詳細は第6章で解説します。

05

データ・テクノロジーの一元管理による生産性向上

テクノロジーを導入しても生産性が上がらない理由

デジタルマーケティング、営業のデジタル化などの潮流に乗り、MAやCRM／SFAなどのテクノロジーを導入することは国内でも一般的になりました。しかしながら、生産性を向上させることを目的に導入したテクノロジーが、本来の目的とは反対に属人的な人海戦術に逆戻りを起こしてしまうケースも少なくありません。それは、レベニュープロセスや組織を踏まえたテクノロジースタックのデザインになっておらず、現行の業務にそのまま当てはめる活用になってしまっているからです。それでは結局、属人的な運用になり生産性の向上はできないのです。

つながらないデータと労働集約型のインサイドセールス

各部門で部分最適でテクノロジーを導入している場合、データは分断されてしまいます。例えば、MAとSFAを導入しているケースでも、MAはマーケティング部門、SFAは営業部門のそれぞれの管掌システムとして連携されていないのは典型的なパターンです。それにより、マーケティング活動によってどのようなビジネスインパクトがあったのかを可視化するために、エクセルやスプレッドシートを活用しながらデータを加工する作業に時間をとられてしまっていることも少なくありません。そして、SFAに何とかデータを蓄積しても、テキストや主観的な情報などでセグメントに有効活用できるデータではないということもよく見かけます。そうなるとインサイドセールスや営業は、データを活用して営業活動の優先順位を立てられません。そのような組織では、インサイドセールスの人員を増やし続けなければ売上が上げられないという労働集約型の組織になってしまいます。

例えば、新たに入社した営業は新規の商談が枯渇している状態で目標達成を求められるため、リードの温度感にかかわらずとにかくアポイントを取得してほしいという要望をインサイドセールスに出します。検討段階が緩やかなリードにもアプローチしながら、保有商談数を増やして何とか受注に向けて活動します。そうすると、当然コンバージョン率は低下し、初回訪問からの商談化率や商談化からの受注率が大きく下がります。それを見かねた営業マネージャーは「コンバージョン率が低下しているからもっとリード数が必要だ！」と判断し前工程を担うマーケティング部門にリード数を要求することになるでしょう。すると、マーケティング部門は手っ取り早く短期的にリード数を担保できる施策に着手するしかなくなり、展示会などの数の施策を優先するようになります。ただし、展示会はリード数が確保できてもそこからのＭＱＬ転換率が低くなることが多いです。その結果、有象無象のリードがまたＳＦＡに登録されることになり、その中で優先順位を立てることにインサイドセールスのリソースを割く必要がでてしまいます。

このようにして、また「インサイドセールスを採用せねば」と労働集約型の負のループが止まらなくなってしまうのです。

生産性向上のためのテクノロジー活用

RevOpsはレベニュープロセス全体のテクノロジースタックのデザインも担います。第1章02節で自社の戦略を実現していくための戦術（オペレーションモデル）の設計が重要であるということはすでにお伝えしました。それにはテクノロジーをどのように活用して各部門の生産性を向上させるかということを含みます。詳細は第3章で解説しますが、先に述べたMAとSFAの連携を例に示すと、MAとSFAが理想的な形で連携されている場合、リードのデータ、リードに関連するマーケティングキャンペーンのデータ、リードと営業の商談データは紐づいており、マーケティング活動による受注貢献は容易に可視化できるものです。

部門最適なポイントツール※としてではなく、**いかに自社の収益成長のために必要なものを組み合わせて活用できるか、標準的なオペレーションモデルと自社の独自性のバランスをとれるかが、激しい競争において優位性を確立するために不可欠な考え方です。**

※特定の機能やニーズに焦点を当てたツール。

06

新しい技術への適用、AI活用の促進

AI機能を最大限活用するために

2010年にオンプレミスからクラウドベースのソフトウェアが主流になっていったように、今後はさらに既存のSaaS製品もAI機能を搭載していくことになるでしょう。

第8章で紹介する米国本社のレベニュープラットフォームのClari（クラリ）では10年以上前からAI機能を搭載したサービスを提供し、企業のフォーキャストマネジメントの精度向上に貢献してきました。ClariはSFAと連携することで営業の商談情報を収集し、それに関連付いている完了予定日や商談ステージなどの情報や商談に対しての営業のアクション状況などを踏まえて受注可能性をスコアリングするなど、フォーキャストに必要なインサイトを得られるレベニュープラットフォームです。

ただ、そういった製品を活用するためには前提として標準的なオペレーションモデルに則った商談管理を実施している必要があります。グローバル企業のＳａａＳ製品においても、**ＡＩの機能は標準的な活用を想定してアップデートされていくものであり、製品の設計思想を無視した独自の活用法ではそういった恩恵を享受できない可能性があります。**RevOpsの取り組みにより、組織や業務プロセス、データ、テクノロジーを統合し標準化したうえで自社の独自性を発揮していくことは、こうした新しい技術への適用においても不可欠になっています。あるべきデータが意図した形式で然るべき場所にあることによって、ＡＩはビジネスインパクトをもたらせるのです。

期待されるＡＩ活用の分野

ＡＩについては第7章で詳しく解説するため、ここでは一般的なレベニュー組織において期待されるＡＩ活用の分野について概要を紹介します。RevOpsでは、次の6つのＡＩの応用分野や技術での活用が期待されています。

●プリディクティブＡＩ（Predictive AI）

過去のデータを活用してトレンドを特定したり、将来の予測を実施したりするＡＩの分野です。レベニュー組織での使用例としては、マーケティングの投資と目標の設定、製品ごとの四半期単位での売上予測、既存顧客の解約リスクをスコア化して予測することが想定されます。

●生成ＡＩ（Generative AI）

生産性向上や効率化のためのＡＩの分野で、すでに活用している方も多いと思います。レベニュー組織での使用例としては、マーケティングのコンテンツ作成、営業のアプローチやフォローアップなどのメール自動作成、顧客とのミーティングのサマリーやアクションアイテムを提示することが想定されます。

●コンバセーショナルＡＩ（Conversational AI）

顧客とのエンゲージメントを人力以上に拡大させるためのＡＩの分野です。レベニュー組織での使用例としては、Ｗｅｂサイト上でのダイナミックチャット、インバウンドコールの初期対応と会話内容に応じたルーティング（割り当て）、既存顧客からの問い合わせ先としてのバーチャルエージェントが想定されます。

●ディスクリプティブＡＩ（Descriptive AI）

可視化されたデータからの示唆を得ていくもので、ドキュメントや会話の記録などの構造化されていないデータからメタデータを導き出すＡＩの分野です。レベニュー組織での使用例としては、マーケティングのキャンペーンのパフォーマンスで何か気づきを提示する、オンラインでデモンストレーションする際の顧客の反応から感情分析を出す、カスタマーサクセス宛の問い合わせの状況を見て問題の緊急度を判断し対応方針を仰ぐアクションを自動で実施することが想定されます。

●プリスクリプティブＡＩ（Prescriptive AI）

目指す方向に合わせたレコメンデーションの提示を期待するＡＩの分野で、おそらくRevOpsにとって最も影響があるものです。使用例としては、リードのルーティングやセグメンテーションのレコメンドの提示、顧客体験をより1 to 1にカスタマイズするためのレコメンドの提示、営業活動において受注率を向上させるアクションにつながるレコメンドの提示などを想定しています。

● エクスプレイナブルＡＩ（Explainable AI）

ＥｘＡＩとも呼ばれ、あらゆる情報を統合するからこそ必要になってくる説明のためのＡＩの分野で、どこのどのようなデータからその結果が導き出されたのかというロジックを説明するものです。レベニュー組織での使用例は、意思決定にデータを活用する際の透明性の担保、個人情報含むデータの取り扱いについて説明可能な状態にすることなどを想定しています。特にセンシティブな情報を取り扱う業界において重要になってくると考えられます。

いずれのケースにおいてもデータの健全性があって初めてＡＩは有効活用できるものであり、有象無象のデータが属人的に存在する状態では機能せず、RevOpsが整備されているからこそ受けられる恩恵といえるでしょう。

第2章

CROとレベニュー組織が担う役割

01 収益最大化において重要性を増すCROの役割

企業の収益を最大化するために設計された部門やチームの集合体であるレベニュー組織において、これらを統括するCROの役割の重要性はますます高まっています。ただし、CROは新しい役職ではなく、2012年にフォーブスが「CEOの新たな秘密兵器」と位置づけて以降、成長中の役職です。RevOpsはレベニュー組織を支えるオペレーション部門であり、CROは図2-1のようにRevOpsチームを含めてレベニュー組織（マーケティング、インサイドセールス、営業、カスタマーサクセスなど）全体を統括し、収益成長を推進する責任を持ちます。マッキンゼーによると※CROのような役割を持つFORTUNE100の企業は、同業他社よりも1・8倍高い収益成長率を示しているといわれています。

※出所：マッキンゼー“A bigger, bolder vision: How CROs are propelling growth from the C-suite”
https://www.mckinsey.com/capabilities/growth-marketing-and-sales/our-insights/a-bigger-bolder-vision-how-cros-are-propelling-growth-from-the-c-suite

■ 図2-1：レベニュー組織でのRevOpsの位置づけ

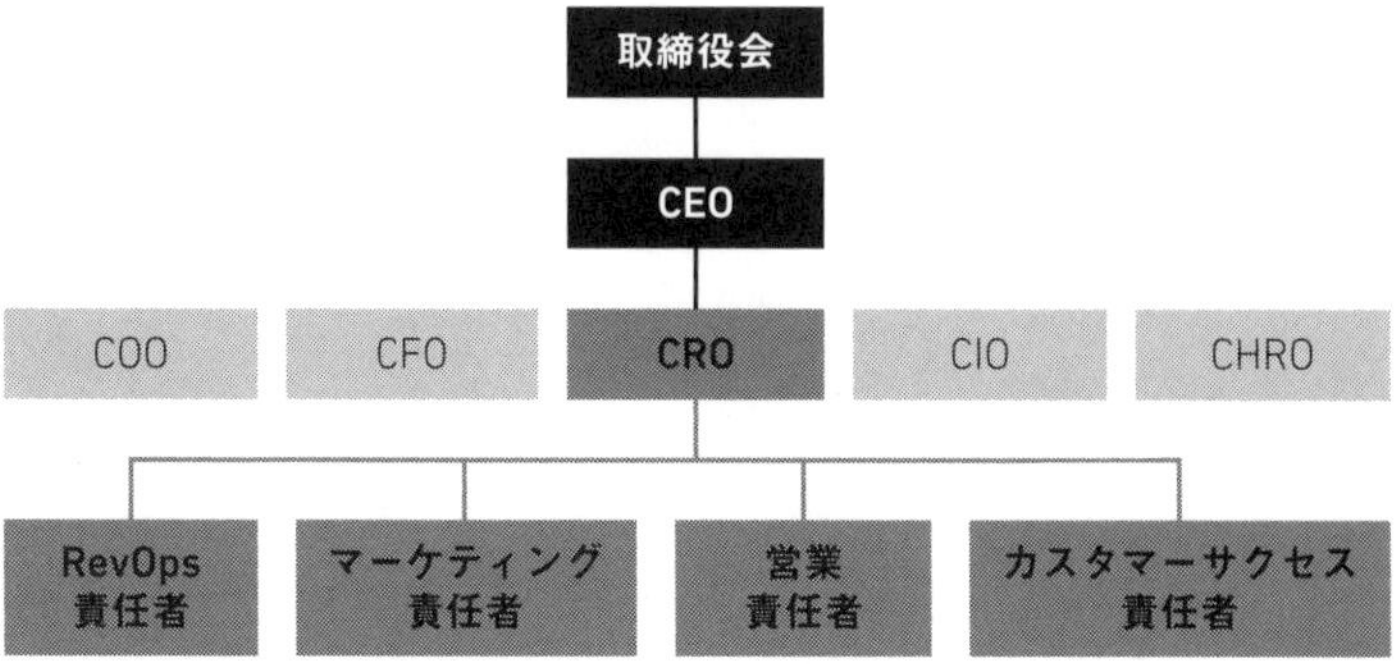

収益成長の要となるCRO

ここまで述べてきた通り、現代のビジネス環境は、急速なテクノロジーの進化、顧客ニーズの多様化、競争の激化などにより、非常に複雑化しています。こうした中で、企業が持続的に成長するためには、収益に直結する戦略の一貫性と実行力が求められます。

従来、収益に関する業務は営業部門に一任されることが多かったのですが、マーケティングやカスタマーサクセスも大きな影響をおよぼすようになっています。特に欧米ではＳａａＳ企業が成長をする過程で、カスタマーサクセスの組織が拡大していきました。新規顧客獲得の営業の動きと、既存顧客の契約を更新するためのカスタマーサクセスの動きで方針が異なり、対立構造が起きてしまうことがあります。顧客にとってもシームレスな顧客体験を得られないことになってしまうでしょう。

CROの設置は、レベニュー組織のサイロ化や対立構造を排除して統合し、企業全体としてのレベニュー戦略を統一するために不可欠です。成長のための総合的な戦略をCRO主導で立案し、実行に移す責任を担い、部門間のシナジーを最大化します。

なお、必ずしもCROという名称ではなくチーフグロースオフィサーなど企業によって名称は異なりますが、本書ではレベニュー組織全体を統括する立場を示す表現としてCROと記載します。

CROの仕事とは何か

CROの役割は多岐にわたりますが主に次のような役割を担います。

● **収益成長の戦略立案**

CROの最も重要な責務の1つは、GTM戦略を含む収益成長のための戦略を立案

することです。これには、市場分析、競合分析、顧客ニーズの理解などが含まれます。これらの情報をもとにして、短期的および長期的な収益目標を設定し、それを達成するための具体的なアクションプランを策定します。この戦略立案には、データドリブンなアプローチが求められ、データ分析の結果をもとにして柔軟に戦略を修正することも含まれます。それを踏まえてレベニュー組織は顧客のライフサイクル全体を管理し、顧客満足度を高めるための戦術設計や施策実行につなげていくことになります。

●顧客ライフサイクルの統合管理

CROは、マーケティング、営業、カスタマーサクセスの各部門を統括し、リード獲得から営業の受注、受注後の顧客満足度の向上と継続まで顧客のライフサイクル全体をマネジメントし、収益を最大化します。マーケティングと営業の連携というのは「言うは易く行うは難し」です。従来の部門別プロセスは統合に対して抵抗も多いため、そのギャップを埋めるための役割も担います。

それぞれの部門が独立して活動するのではなく、共通の目標に向かって協力し合うことで、シナジー効果を生み出し、収益を最大化できます。具体的には、リードのフォローアップを迅速かつ効果的にすることでリードから契約への転換率の向上を実現したり、マーケティングキャンペーンのROIを明確にすることでより効果的なマーケティング戦略を立案したりできます。各部門がデータにもとづいた戦略を立案し実行することで、取り組みの効果が明確になり、収益最大化が実現できるのです。

●フォーキャスト（業績予測）と目標設定

過去のデータや市場の動向をもとにして、将来の収益や受注を予測し、現実的かつ挑戦的な目標を設定します。これには、マーケティングキャンペーンの効果測定、営業のパイプラインマネジメント、カスタマーサクセスの指標分析などが含まれます。正確なフォーキャストを行うことで、企業全体のリソース配分や投資判断が適切に行えるようになり、収益性の向上に寄与します。第8章のインタビューでも営業パフォーマンス管理ソリューションのリーダー企業であるXactly（エグザクトリー）のCEOアーナブ・ミシュラ氏は、フォーキャストはビジネスの健全性を把握するのに最も重要なことの1つだと話しています。

CROとは営業責任者なのか

「CROという役職を掲げていても実態は営業責任者だ」ということは、日本国内に限らずよくあることです。また、CROを営業組織の長のことを示す新たな名称だと捉えている人もいるかもしれません。

しかし、CROと営業責任者との間には明確な違いがあります。営業責任者の管理する領域である営業部門は通常、新規顧客獲得や売上の受注目標達成に焦点を当て、半期や年度ごとの目標など比較的短期的な目標に向けて活動します。一方、CROは企業全体の収益を最大化する責任を負い、より中期的視点を持って市場の動向や長期的な目標を達成するためにやるべきことを念頭に置きます。そして営業だけではなく、マーケティングやカスタマーサクセスなど、企業の収益に影響を与えるすべての部門を統括します。新規顧客獲得や維持・拡大、そして継続利用の促進もその活動範囲です。**CROの視点は、単なる売上の増加だけでなく、企業全体の収益性と成長戦略に関連したものであり、顧客体験の向上やLTV（顧客生涯価値）の向上のための仕組みの構築など収益を生み出すすべての要素に関連しています。**

日本の伝統的な組織体制では、いわゆるカスタマーサクセスの役割を営業組織が担っているケースも多いため、「マーケティングを含むレベニュープロセスのすべてを管理する範囲とし、中長期視点で企業価値向上に向けた収益性向上に責任を持つ」と捉えるとわかりやすいかもしれません。

CROが組織に与える影響

CROは部門間の連携を強化し、顧客体験を向上させることで、直接的に収益に貢献できます。CROが組織全体に与える主な影響は、次の3つです。

❶他部門との連携強化

CROはマーケティング、営業、カスタマーサクセス部門の統合に加え、収益に責任を持ち持続的な成長という企業の統一目標に向けて、パートナー部門、製品部門、ファイナンス部門とも密に連携します。このような部門間の連携が強化されることで、戦略や新たな収益成長の機会について情報の共有が行われ意思決定のスピードが向上し、結果として組織全体の効率が上がるのです。有機的な成長には一貫した、収益性のある、スケーラブルな成長に向けて組織全体で一枚岩になって取り組む必要があり、その強化の役割を果たします。

❷顧客体験の向上

ＣＲＯのリーダーシップのもと、マーケティング、営業、カスタマーサクセスの各部門が連携して一貫性あるコミュニケーションを実現することで、顧客体験が大幅に向上します。顧客体験の向上は、顧客の満足度とロイヤルティを高めることにつながります。

例えば、顧客が最初に接触するマーケティングキャンペーンから、営業との交渉、そしてカスタマーサクセスによるアフターケアに至るまで、一貫した高品質のサービスを提供することを可能にします。これにより、顧客は企業に対して信頼感を抱き、再購入や他の顧客への推薦といったポジティブな行動をとるようになるでしょう。一貫性を持ってレベニュー組織がコラボレーションすることにより顧客体験を向上し、さらには収益の増加とブランドの強化にも直結します。

❸収益成長

CROがもたらす最大の効果は、収益に対する直接的な影響とその成果です。データドリブンなアプローチを採用し、パフォーマンス改善のサイクルを高め、高いフォーキャスト精度を維持することによって、投資の意思決定スピードを引き上げることが可能です。レベニュープロセス全体について、レベニュー組織の人員配置、投資、インフラの財務適正化に対する完全な説明責任を持つことは、組織の拡大においては基本です。部門間のシナジー効果を引き出すことで、コストの削減や売上の増加を実現します。

このように、CROは事業の成功と持続可能な成長を支える中核的な役割を果たします。

CROと経営陣の合意形成

CROの役割を効果的に果たすためには、他の経営陣、特にCFO（最高財務責任者）との緊密な連携と合意形成は不可欠です。CFOは財務報告、CROは収益創出に責任を持ちます。時には、ＣＲＯは成長のために必要なリソースを主張し、ＣＦＯの予算に関する考えと衝突することもあります。ＣＲＯは業績目標、ＣＦＯはＰ／Ｌというそれぞれ大きなプレッシャーがあり、この連携が軟弱である場合にはビジネスにマイナスの影響が出てしまうでしょう。著者も外資系ＩＴ企業の営業部長として日本法人のファイナンスの責任者とは度々意見が食い違い合意形成をとれない経験がありました。結果的には営業組織がより成果を出すために何が必要かに賛同を得て方向性やルールを変更することにつながりましたが、双方の視点やそれぞれの言語で会話を進めても建設的な議論とすることは難しいと身をもって理解した経験でした。

ＣＦＯを含む経営陣は、最小限のリソースで大きな成長と利益率を実現したいと考えています。特に成長中の企業ではマーケティングや営業はコストのかかる領域です。ＣＲＯは業績を向上させるためにどれだけのリソースが必要か、新しい顧客を開拓するためにどれだけ投資が必要かを主張しますが、ＣＦＯと常に意見が一致するわけではありません。ＣＲＯにとっては極めて重要な顧客データもＣＦＯの財務的価値観では重要度が低い可能性はあります。データは重要な戦略的資産でありながら、会計上の責任はないからです。

オペレーションモデル（組織、プロセス、データ）のサイロ化を許容すると、ＣＲＯ

は効果的な解決策を見出すことが難しくなります。そして無駄に重複する投資の発生や分断されたテクノロジーによって正しいデータをタイムリーに取得できないため、ＣＲＯの主張でＣＦＯを説得するのはさらに困難になります。

真に対等かつ透明性のあるパートナーとして経営陣との合意形成を図ることが重要です。そのためには、企業全体のビジョンと目標を共有し、それにもとづいた収益戦略を策定することに加えて、進捗や課題を共通言語で会話できるコミュニケーション計画が不可欠です。それによって迅速な意思決定と問題解決が可能になります。売上・利益に関するデータや戦略を全経営陣と透明性をもって共有していれば、分断された個別のデータではなく、全員が１つの情報をもとに判断をすることができるようになるでしょう。部門横断的にシナジー効果を発揮できるので、ＣＲＯが収益成長を推進するための中心的な役割を担え、持続的な成長と競争優位性を確保できます。

02

CROのスキルセットとキャリアパス

CROの在職期間はなぜ短いのか

外資系企業のCMOポジションの在職期間が短いことが日本でも数年前に話題になりました。グローバルの5大ヘッドハンティングファームの1社であるスペンサースチュアートによる年次の調査※によると2006年は2年を切っており、他のCクラスの在職期間よりも大幅に短いものでした。2018年には3年半程度になり、それでも他のCクラスの半分という状況でしたが、2024年4月の最新の調査によると4・2年まで伸び、ここ数年は安定してきているといいます。

2024年6月に開催されたPavillion主催のCROサミット2024では、CRO

※出所：https://www.spencerstuart.com/research-and-insight/cmo-tenure-study-2024-an-expanded-view-of-cmo-tenure-and-background

の在職期間の平均は17か月であると発表されました。他のCクラスと比較しても圧倒的に短命です。

著者はかつてCMOで起きていたことがCROで同様に起きていると見ています。CMOと他のCクラスの在職期間の大幅な乖離《かいり》が短縮化した背景にはいくつかの理由があると思いますが、ビジネス成長とマーケティング活動の関連性を証明しCEOのパートナーとして確固たる地位を築き、ビジネスゴール達成における重要なCクラスとして評価されてきたこともその一因だと考えます。

かつてのCMOよりもCROの在職期間がさらに著しく短い背景はおそらく、ビジネス成長に課題がある企業や急速に成長しているスタートアップにおいて、外部からCROが招聘《しょうへい》されるケースが多く、取締役会や投資家からの短期活躍への期待が高いにもかかわらず、その期待を達成する難易度が高いことにあるのでしょう。

CROが短期間で退職に至るのは次のような理由からです。

- **収益目標の未達**
- **CEOやCFOや取締役会との継続的な連携不足**
- **マーケティング、営業、カスタマーサクセスの業績不振**

- 期待水準以下の改善速度
- AIなどテクノロジーへの対応不足

では、どのようなスキルが求められているのでしょうか。

必要なスキルと知識

CROとして期待されている役割を果たし、真に事業の成長ドライバーとして経営に貢献するためにCROに求められるスキルや知識は多岐にわたります。

- **戦略的思考と高いビジネス感覚**

収益最大化に向けて、市場動向や顧客のニーズを把握し、競争優位性を確立するために収益の成長戦略、GTM戦略を策定します。市場分析を通して新たなビジネス機会を見出し、そのリスクを評価して適切な戦術を策定することが求められます。具体的には新しいマーケットセグメントへの進出、製品ラインナップの拡大、プライシング戦略の調整などです。さらに、収益目標を達成するために、マーケティング、営業、カスタマーサクセスの各部門と連携し、一貫したビジネス計画を構築する能力も不可欠です。

●**リーダーシップとコミュニケーション力**

CROは経営陣や多くの部門やチームと協力する必要があり、そのためには卓越したリーダーシップとコミュニケーション力が必要です。リーダーシップとは、目標に向かって組織を導き、モチベーションを維持し、共通のビジョンを共有する能力を指します。部門横断的なプロジェクトを推進し、部門や従業員間の協力を促進するために、明確かつ効果的なコミュニケーションを行う必要があります。また、説得力と交渉力も重要であり、関係者との意見調整や意思決定を円滑に進める能力が求められます。口頭・書面を問わず優れたコミュニケーション力により、顧客、パートナー、経営陣、従業員など多様な人々との信頼関係を築き、協力し合うことが求められます。

●**変化への対応と革新性**

急速に変化し不確実性の高いビジネス環境において、変化を受け入れ革新的であることが求められます。変化する顧客の購買行動や期待、市場の状況、テクノロジーの進化を予測し対応できる必要があります。イノベーションの文化を醸成することも重要であり、実験的に新たな考えを取り入れたり、学習し改善したりすることを奨励できることも時には必要です。新しいレベニューモデルの導入、サブスクリプションサービスの展開、データドリブンなマーケティング、生産性向上のためのAI活用など、これまでにない方法も活用し成長のための手段を考えます。また、パンデミックのような突発的な事態が発生した場合、リモートワークやデジタルチャネルの強化など新しいワークフローに適応することも求められます。

●テクノロジーやデジタルのリテラシー

現代のビジネス環境において、テクノロジーやデジタルのリテラシーは不可欠です。CROが統括するレベニュー組織では、CRM、MA、アナリティクス、レポーティングツールなど、さまざまなソフトウェアアプリケーションを使いこなし、収益、パイプライン、フォーキャスト、キャンペーンを含むさまざまなパフォーマンス指標を管理できなければなりません。テクノロジーの理解と活用により、顧客行動の分析、市場トレンドの把握、業績予測の精度の向上が可能になり、ビジネス成長のためのより精度の高い意思決定が可能になります。また、AIなどの新技術を活用して業務プロセスを最適化し、レベニュー組織の生産性の向上や競争優位性を高めることも求められます。

●顧客視点

短期的なビジネス視点ではなく中長期的に企業がビジネス成長を実現していくためには、顧客中心の考え方を持ち、顧客のビジネス目標、課題、問題、期待に共感できることが求められます。顧客のフィードバックに耳を傾け、ニーズを理解し、顧客の問題を解決し、ビジネスに付加価値を提供できるソリューションを提案できなければなりません。ＣＲＯは顧客と長期的な関係を育み、顧客満足度、ロイヤルティ、リテンションを確保することも必要です。顧客との信頼関係が企業のブランド価値を高めるという姿勢が不可欠です。

ＣＲＯへのキャリアパス

これまで最も多いＣＲＯへのプロモーションの事例は営業組織の責任者でした。今後も営業組織からＣＲＯへというキャリアパスはなくなることはないでしょう。

一方で、営業から営業マネージャーになり、営業責任者となった方がCROになるというケースで欧米でもよく話題になる問題があります。それは、営業の短期的な目標やデータを中心にマーケティングやカスタマーサクセスに改善を求める指示をするというもので、「CROの帽子を被った営業部長」と揶揄されることもあります。例えば、営業に引き渡されるリードの質が低いという声が上がった場合に、マーケティング部門にリードの質の改善を求めたり、中長期的なマーケティング投資の適切な判断ができなかったりなど、本質的な改善につなげるためのコミュニケーションではないことも少なくありません。

2023年10月に、6sense社で5年3か月間CMOを務めたラタネ・コナント氏がCROに昇格しました。この事例のようにCMOからCROへ、そしてVP of RevOps（RevOpsの責任者）からCROへのキャリアパスは今後目にする機会が増えていくでしょう。実際にLinkedInで欧米の有名企業のCROにRevOps & Strategy, GTM Operations, GTM StrategyなどRevOpsに該当するバックグラウンドを持つ方が就任しているケースをいくつも見つけられます。RevOpsという概念が誕生して以降、より戦略的な側面を担う役割に進化している中で、CROへ昇格するケースは増加傾向にあります。

俯瞰してレベニュープロセス全体を捉えるのに必要な経験を持っているCMOやRevOpsはCROに適任であると著者は考えます。顧客を知り、全体視点で捉え、短期的視点と中長期的視点でデータを読み解き戦略的に考えられれば、必ずしも営業部門での成功体験が必須であるわけではないということです。フォーブスのインタビュー※の中でラタネ・コナント氏は次のように語っています。

「6senseと同規模以上の企業での経験があり、営業、ポストセールス、顧客、パートナー、プロフェッショナルサービスを熟知し、サービス組織を構築できる人を見つける必要があった。（中略）でも、最終的に取締役会が私を支持したのは、私が誰よりも顧客のことを理解しているからだと思う」

CROへのキャリアパスは一律ではありませんが、レベニュー組織の各分野での豊富な経験、戦略的思考、リーダーシップ、変化への適応力や革新性、テクノロジーやデジタルのリテラシー、そして顧客中心に考えられるマインドセットなどバランス良く兼ね備えているCROは組織全体の持続的な収益成長を牽引できるでしょう。

※出所：Forbes"What Marketers Can Learn From 6sense's CMO's Elevation To CRO" https://www.forbes.com/sites/johnellett/2023/11/28/what--marketers-can-learn-from-6senses-cmos-elevation-to-cro/

03 CROの戦略的パートナーであるRevOps

レベニュー組織の各部門間の連携強化を図り、収益の成長戦略を実行していくうえで、CROとRevOpsは強いパートナー関係にあります。多くのスキルが求められ、短期的な成果と持続的な成長のプレッシャーの中にいるCROにとって、RevOpsは不可欠な存在です。特に現在のようなビジネス環境では、競争が激しく、オペレーションモデルの効率性と有効性を確保することは、優位性を維持するために重要です。

ただし、市場が複雑化する中、従来のような個別のオペレーション機能を管理する方法では、サイロ化したデータでの誤った判断や一貫性のないアプローチがしばしば発生します。言い換えれば、**レベニューサイクルがバラバラのプロセス、方針、手順、テクノロジーで構成されている場合、優れた顧客体験を提供することは不可能である**ということです。

切り離された組織モデルは企業の成長を遅らせ、俊敏性を低下させ、最終的に競争優位性を損なわせてしまいます。つまり、変革するための強い権限、明確な範囲、測定可能なKPI、現場での実行を推進する強固なRevOpsというパートナーなしに、単にCROの肩書だけでは収益最大化は実現できないのです。

真の意味でのデータドリブンな意思決定

CROが掲げるビジョンや目標に対して実現する戦略策定の支援をRevOpsは実施します。データを用いてボトルネックや解決策の仮説を含むインサイトの提示、KPIとパフォーマンス指標の統一などレベニュー組織のすべての部門が共通の目標に向かって努力し、収益の最大化に向けてコラボレーションを実現します。

効果的な意思決定は、その意思決定に役立つデータがあってこそ実現できます。RevOpsが有機的に機能していることによって、部門間のデータを統合や顧客ライフサイクルの包括的なビューを提供し、より多くの情報にもとづいた戦略的な意思決定を可能にします。CROが目にするデータは分断されたものではなく、正確かつよりリアルタイムなものです。

サイロ化されたオペレーションモデルの場合、レベニュー組織の各部門から個別に報告されるデータから、何が真実かわからないという状況に陥りがちです。断片的なデータ活用はリソースの浪費につながります。具体的には、マーケティングからは「MQLは好調だが営業が商談をクローズできていない」、営業からは「マーケティングから最適なリードが供給されないため有効な商談創出の活動を効率的に実施できていない」、カスタマーサクセスからは「営業がターゲット外の顧客に無理な販売を実施していることによって継続率の維持が困難である」など、それぞれがそれぞれのデータを用いて会話している状況は、データがあるように見えて、判断ができるものではない意味のないデータ活用ということです。

一元管理された適切なデータ活用であれば、CROは最適なタイミングで適切な意思決定を実現できます。

効率化とコスト削減

RevOpsはレベニュープロセス全体を見渡し、リソースの最適配置の余地を提示します。人的リソースやテクノロジーやデータ管理など、部門横断で最適化することにより、重複するライセンスコストなどの無駄な費用を削減し、リソースを最も効果的な領域に集中させることが可能です。これにより、全体的なコストが最適化されます。さらに、データとプロセスの最適化、およびテクノロジー活用による自動化により、マーケティング活動、営業活動、カスタマーサクセス活動がより効果的に行われるようになります。マーケティングと営業、営業とカスタマーサクセスがそれぞれ重複した取り組みを実施したり、営業が付加価値の低い活動に時間を費やしたりすることがなくなります。

これらにより、CAC（顧客獲得コスト）の削減や、フォーキャスト精度の向上、LTVの向上が期待できます。

レベニュー組織には、単に短期的に売上を上げるだけでなく、持続的な成長を達成し、競争力を維持するための戦略と実行力が求められています。明確なビジョンと戦略を持ち、組織全体が共通する長期的な目標や方向性を認識し、各部門が同じ方向へ一致団結して尽力するためにもCROとそのパートナーとしてのRevOpsの役割は大きいものです。

04

レベニュー組織のトレンド

レベニュー組織を取り巻く環境は変化が著しく、AIを活用した自動化など新しいテクノロジーの登場や景気の変動によって企業の方向性が変わり、顧客のニーズや焦点が変化することも伴って常に進化しています。現時点でのトレンドについていくつか紹介します。

■データやテクノロジースタックの統合

これまで述べてきた通り、マーケティング、営業、カスタマーサクセスの組織が緊密なコミュニケーションや連携を促進するためには同じ目標に向かって足並みをそろえて取り組まなければなりません。

それを実現するためには、レベニュー組織のすべての部門が、自分自身が影響を与えているデータポイントにアクセスできる必要があります。相互に連携されたデータを把握し、自身の業務が会社の目標にどのような影響を与えているのか、また、目標達成のために組織連携含めてどのような調整が必要かを理解できます。

テクノロジーについても、何万もの選択肢の中から業務に最適なツールをポイントごとに選定するのではなく、主要機能の統合に重点を置くようになるとも想定されます。単独で存在する連携しづらい親和性に欠けるツールではなく、統合されたRevTechスタックの構成への流れは止まらないでしょう。

■AIや自動化による生産性向上

事業の規模が大きくなるほど、顧客とのタッチポイントは増え続け、収集されるデータ量も指数関数的に増加します。営業サイクルは長期化したり、顧客の購買グループは多様化したり、手作業にだけ頼っていては対処しきれません。

データ収集と分析に機械学習を利用するということは特段新しいトレンドではありませんが、そのデータを活用した自動化による業務効率化はさらに加速していくでしょう。商談内容のサマリー自動作成、営業やインサイドセールスのロールプレイングの相手としてのAI活用、顧客へのメールシーケンスの自動化、カスタマーサクセスの人力対応と自動化の切り分けなど、よりクリエイティブな付加価値のある領域に人的リソースを投下するためのテクノロジー活用がさらに進んでいくことが予想されます。

反復タスクが自動化されることで、レベニュー組織はより戦略的な活動に集中するための時間を確保できます。また、ガートナーの調査※によると2027年までにイネーブルメントツールの予算が50％増加すると予測されています。多くのレベニューリーダーは、レベニュー組織の生産性の最大化に着目しています。

■リアルタイムなフォーキャスト（業績予測）

不確実な時代に高い機動力で予期せぬ変化に俊敏に対応できるようにする必要があります。GTM戦略も同様に柔軟性が必要です。これまではデータの集計や分析は手動で実施し、週次や月次で更新される過去のデータをもとに分析していました。

今後はAIやフォーキャストマネジメントシステムの活用により、よりリアルタイムにデータを集計し意思決定レベルを強化できるようになります。リスク発生後に対処するのではなく、事前に対策を講じて対処できるようになることで成長チャンスを見出し、ボトルネックやその要因を早期に特定できます。

※出所：ガートナー"Gartner Expects Sales Enablement Budgets to Increase by 50% by 2027"
https://www.gartner.com/en/newsroom/press-releases/2023-02-15-gartner-expects-sales-enablement-budgets-to-increase-by-50-percent-by-2027

レベニュープラットフォームの世界的リーダー企業であるClariによると企業は約14・9％の収益損失をレベニューリークによって被っているといいます。レベニューリークとは、本来獲得できるはずだったが獲得できずに終わった収益のことを指します。BCGによるとレベニューリークにより毎年200億ドルの経済価値が失われているともいわれます。より高い精度でフォーキャストを実施できることは、収益成長を実現できることに加えて、早い段階での投資判断が期待できるでしょう。

■アカウントベースドレベニュー（ABR）戦略

BtoBビジネスに関わる方であれば、すでにアカウントベースドマーケティング（ABM）に取り組んでいる、あるいは所属している会社としてはすでに取り組んでいると思います。ABMは、特定のアカウント（企業や組織）をターゲットにしたマーケティング戦略です。マーケティングと営業が連携し、特定の戦略的アカウントに対して、その企業のニーズにあったメッセージングでパーソナライズされたマーケティングキャンペーンを実施します。特に新規顧客の獲得や、特定の大手顧客の関心を引くことが目的です。

ABRは、ABMのコンセプトを拡張し、収益を最大化するために、マーケティン

グ、営業、カスタマーサクセス、プロダクトチームが一体となって特定のアカウントに対する戦略を展開するアプローチです。マーケティングのみならず、営業、カスタマーサクセス、プロダクトチームなど、複数の部門が協力してアカウントに対して協働します。長期的な顧客関係の構築を重視し、新規顧客の獲得から、契約の更新、アップセルやクロスセルなど、顧客ライフサイクル全体を通じて収益の最大化を目指します。

データやテクノロジーの統合、ＡＩや自動化による生産性の向上、データドリブンで俊敏な意思決定、顧客体験向上やレベニュー組織連携による収益成長など、変化の多い時代において柔軟性と俊敏性は企業成長においてなくてはなりません。

インタビュー

日本のレベニュー組織で進む変革とその未来

――ジャパン・クラウド・コンサルティング株式会社 福田 康隆

福田 康隆

ジャパン・クラウド・コンピューティング株式会社 パートナー
ジャパン・クラウド・コンサルティング株式会社 代表取締役社長

1972年生まれ。早稲田大学卒業後、日本オラクルに入社。2001年に米オラクル本社に出向。2004年、米セールスフォース・ドットコムに転職。翌年、同社日本法人に移り、以後9年間にわたり、日本市場における成長を牽引する。専務執行役員兼シニアバイスプレジデントを務めた後、2014年、マルケト入社と同時に代表取締役社長に、2017年10月同社代表取締役社長 兼 アジア太平洋日本地域担当プレジデントに就任。マルケトがアドビシステムズに買収されたことにより、2019年3月、アドビシステムズ専務執行役員 マルケト事業統括に就任。2020年1月より、ジャパン・クラウドのパートナーおよびジャパン・クラウド・コンサルティング株式会社の代表取締役社長に就任。ジャパン・クラウドは世界中から優れたSaaS企業を発掘し、中長期的な視点で共同経営を行い、日本企業の生産性向上と新しいキャリアパスの提供に貢献している。ハーバード・ビジネススクール General Management Program修了。著書に『THE MODEL』（翔泳社、2019年）がある。

ジャパン・クラウドのWebサイト　https://japancloud.jp/

■『THE MODEL』（翔泳社）出版からの5年を振り返って

２０１９年以降、"The Model"という言葉の浸透や新型コロナウイルス感染症（COVID-19）の影響で強制的にリモートワークへシフトした背景もあり、レベニュー組織の分業モデルやデジタルツールの活用が大幅に進みました。当初『THE MODEL』（翔泳社）はＩＴ業界やＳａａＳに関わる方に向けて執筆しましたが、実際には製造業や金融業を中心にさまざまな業界や幅広い企業規模の方に読んでいただいています。これまでスタートアップ企業はもとより、歴史ある大手企業からの講演依頼や勉強会の問い合わせをよくいただきました。

数多くの方々に知ってもらい、それが変革のきっかけになっていることは喜ばしい一方で、"The Model"をテンプレートのように採用していく動きから、壁にぶつかる企業も多かったように思います。

例えば、同じＳａａＳ企業であってもその製品やマーケット特性によって、部門も役割もリソース配分も当然異なります。"The Model"が機能するか否かという議論も見聞きしますが、型にはめるのではなく組織やオペレーションモデルは常に変化していくことが前提です。

レベニュー組織を分業体制で運営し、商談化や受注などの中間指標を管理するという方法は、ある1つのアプローチであり、万能な成功の鍵ではありません。また分業によって足並みがそろわなくなったり、売上から単純に逆算して目標値を算出したりするとトップオブファネルの指標に負荷の高い目標を設定しなければいけなくなるのは一定想定内のことです。外資系企業では当たり前のように組織やプロセスのオペレーションモデルが存在するため、その理解もありますが、未経験の方が他社の取り組みをベストプラクティスとして表面的に採り入れると軌道に乗るまでに一定の学習期間が必要になるかと思います。

『THE MODEL』（翔泳社）にも記載した通り、**成功モデルとは完成したモデルのことではなく、完成に至る過程で行われた何百何千という意思決定のプロセスそのものです**。その学習プロセスによって、本質的にあるべき自社にとっての「ザ・モデル」になるよう願っています。

■ＤＸとリーダーシップ

営業企画部門やＤＸ推進部門などの横串で事業部門の支援をしている組織の方から、事業部門や経営層への啓蒙や説得に関する相談もよくいただきます。そういった社内説得の現場での動きは特定の業界だけではなく、一定規模以上の企業でよく起きており、日本の大手企業の変革に停滞感を抱くこともあります。**変革が大きく進んでいる企業との大きな違いは経営陣の危機感とコミットメントの高さです。**ボトムアップによる変革に向けたアクションももちろん大切ですが、トップからの支援がない状態で進めていくと反発が発生した際に現場だけでは抑えきれません。

もちろん組織変革における成功要因はいくつもありますが、特に組織規模が大きいほど、トップが危機感やプレッシャーを持って意思決定しているか否かは、継続的な成長に必要不可欠です。社外などから優秀な人材を採用して改革を推進しようとしても、数年で退職に至ってしまい改革が進まないというケースも発生しています。本当の意味でのＤＸを実現するには経営層の危機感を持った判断やトップダウンのアプローチが重要です。

■戦略とデータドリブンな意思決定

スタートアップにも大手企業にも共通して、「これからどこで売上を上げどのように成長していくのか」という基本的な戦略が欠けていることが多いように思います。

スタートアップでの典型的な例としては、エンタープライズ企業と呼ばれる一定規模以上の大企業に対してアプローチする流れです。事業成長のためのステップとして盲目的にエンタープライズシフトが必要だと考えたり、過去の成功体験にとらわれたりしているケースもあるかもしれません。エンタープライズ企業をターゲットにアプローチをしていくということは、よりプラットフォームに近い形で製品が採用されて高い継続率で利用してもらうことや、さらに大きな売上成長余地を見込めることが前提です。そういった戦略がなく、エンタープライズ企業の一部に導入してもらうだけであれば、SMB（中堅中小企業）営業とプロセスや必要なスキルに大きな差はありません。それであれば徹底して一定企業規模以下のところにフォーカスする方がむしろ早く成長できるということもあるかもしれません。

大手企業においては、既存ビジネスの売上が大きいところに人的リソースを投下している傾向にあると思います。現時点で売上が高いお客さまを担当している組織や人の声が大きく、そこに多くのリソースを割いているという状態です。ただし、そのままだとこの先の成長が停滞してしまいます。新しいマーケットを開拓できる戦力を確保せずに衰退し、既存ビジネスを守ることだけに集中してしまいます。このような場合はＣＲＭの改修や細かなプロセス改善などにメスを入れるよりも前に、基本的な戦略自体に目を向け直すことが重要ではないでしょうか。

ＢtoＣの領域ではデータを活用した意思決定は大きく進んできている一方で、特にＢtoＢの営業領域ではまだこれからのように思います。多くの企業で現在ＣＲＭ／ＳＦＡの再構築に取り組んでいるという話を耳にします。かなり前に導入したものの、使いこなせず要件定義からやり直しているようです。標準的な活用方法を取り入れることによって、マーケティング活動の貢献度の可視化を目指すという意味では有益なこともあるでしょう。一方で再構築によって何を実現しようとしているのか曖昧なことも多いように思います。

営業におけるデータを活用した意思決定のコアの要素はフォーキャスト管理です。高い精度でフォーキャストができると、経営者は投資判断やリスクの認識レベルが高まり、売上機会損失の軽減、採用計画の前倒しや停止などの判断もタイムリーかつ適切にできるようになります。しかしフォーキャストの精度を向上するためにシステムの再構築に取り組んでいる企業はおそらく少ないでしょう。

ＣＲＭ／ＳＦＡの窮屈な管理をするだけでは運用定着化も行き詰まってしまうため、何のためにそれに取り組むのかを一歩下がって考えてみるとよいかもしれません。営業に限らず、自身がプレイヤーとして活躍してきた人ほど自分の成功体験をもとに考えがちです。感情やリレーションは大切ですが、データから見えてくるものがあるのも事実です。数値で可視化しデータを読み解くという習慣をつけることが必要だと感じます。

■ レベニューオペレーション（RevOps）の価値

エンタープライズソフトウェア企業に特化したプライベート・エクイティ・ファンドであり運用資産が１０００億ドルを超えるビスタ・エクイティ・パートナーズの創業者で会長兼ＣＥＯのロバート・Ｆ・スミス氏の有名な言葉に"Software companies taste like chicken. They're selling different products, but 80% of what they do is pretty much the same."（日本語直訳：ソフトウェア企業は皆チキンのような味がする。売っている製品は違うが、やっていることの80％はほとんど同じだ）があります。バックオフィスからフロントソリューションまでさまざまなソフトウェア企業をポートフォリオに抱えていますが、やっていることはほとんど同じだというわけです。

もちろん、バーティカル（業界特化型）やホリゾンタル（業界横断型）など違いを見つけようと思えばいくらでもあります。しかしＩＣＰの設定、デマンドジェネレーションのプロセス、商談ステージ、フォーキャスト管理の方法に差別化要素はほとんどありません。**差別化すべき領域と標準化すべき領域を切り分けて、徹底して標準化していくことによって、劇的に生産性を向上させることができます。**反対に、標準化すべき領域で独自性を出していこうとすると独自開発やカスタマイズなどで再現性が低下してしまうでしょう。

欧米では開発において内製化が進んできており、２０２４年春に開催された投資銀行のカンファレンスでのセッションでも、エンジニアを自社で何万人も抱えているという話を聞いて驚きました。エンジニアは自社のモバイルアプリなどの開発を週に3回アップデートをかけながらアジャイルで実施している一方、ビジネスアプリケーションは全てＳａａＳを利用しているということでした。標準化されている領域には独自性を加えず、競争優位性を発揮できる領域に徹底してリソースを割くことでビジネス拡大を実現している好例です。

■分散と統合を繰り返すテクノロジーの世界

ＩＴ業界は統合と分散を繰り返しているとよくいわれます。私がＩＴ業界に入った１９９０年代はまだインターネットが普及し始めた時期で、Ｅコマースの是非を真剣に議論していた時代でした。現在起きているＡＩによる改革は20～30年に一度の大きな波です。オープンＡＩ、アンソロピック、ジェミニなどのランゲージモデル自体の進化はもちろん、それを活用して誕生する周辺のアプリケーションでどのようなプレイヤーが誕生し、勝ち抜いてこれからの時代をつくっていくのかが楽しみでなりません。

第3章

RevOpsが統合するプロセス・データ・テクノロジー

01

BigOpsコンセプトとは？

組織全体のオペレーション体制

デジタル化が進み、企業全体で扱うテクノロジー、そしてそれらから生み出されるデータの量が膨大になりました。Productiv（プロダクティブ）社が1億以上のＳａａＳライセンス、および1000億以上のアプリケーション活用データポイントをもとに調査した2024年のレポート※によると、企業が持つＳａａＳソリューションの平均数はＳＭＢ（中小）企業で217、ミッドマーケット（中堅）企業で314、エンタープライズ（大）企業で479となっています。同時に、従業員が業務の中でデータと関わる機会も指数関数的に増えています。

※出所：Productiv“State of SaaS 2024”
https://productiv.com/state-of-saas/2024saas-trends-growth/

しかし、膨大なデータは見方やアウトプット方法が異なると全く違うものとなり、大きな認識の差につながります。10年以上前、今ほどテクノロジー企業の爆発的な増加が起きていない当時に、この問題定義をしたのがテクノロジー企業の開発現場です。ソフトウェアを開発するデベロッパーと、そのソフトウェアの導入・運用担当の間で大きな認識の差が生じ、業務に支障をきたしたことから、DevOpsと呼ばれるソフトウェアの開発と運用の溝を埋める最初のオペレーション担当が生まれました。

データの管理と実務を分けるという考え方はその後、急速にデジタル化を遂げていたビジネスサイドへも移行し、マーケティング部門においては実務を担当するフィールドマーケティングとデータ管理やプロセス管理を専門とするマーケティングオペレーション（MOps）、営業においては営業活動を行う営業担当とフォーキャストの精度や営業プロセスの管理を専門とするセールスオペレーション（SalesOps）、顧客の成功をサポートするカスタマーサクセスと、顧客のエンゲージメント率やチャーンの可能性を推測しプロセス化するカスタマーサクセスオペレーション（CSOps）などの役割が生まれていきました。近年ではＡＩ活用のためのデータ管理や利用プロセスの管理をするAIOpsなど、さまざまなオペレーション部門が出現しています。

つまり、組織のデジタル化に伴いさまざまな部署において収集、分析、加工、保存

■ 図3-1：BigOpsの全体像

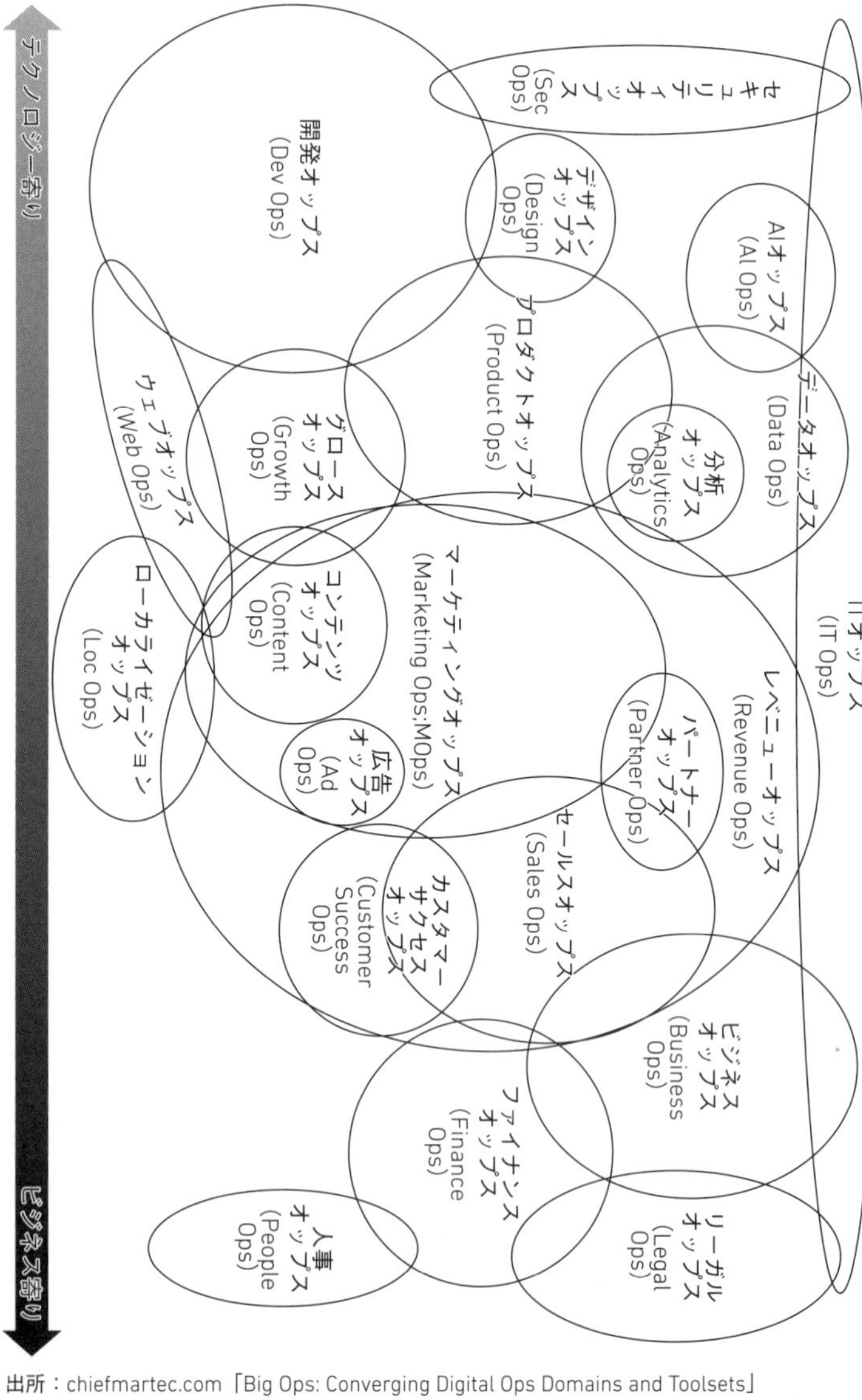

出所：chiefmartec.com「Big Ops: Converging Digital Ops Domains and Toolsets」
https://chiefmartec.com/2020/11/big-ops-converging-digital-ops-domains-toolsets/

するデータが膨大になり、**必要に駆られてさまざまなオペレーションチームが生まれる中、組織全体でオペレーション体制を整える重要性が明確となり、これら組織全体の流れをBigOps（Big Operations）と呼ぶようになったのです（図3-1）。そして各オペレーションを支える多くのテクノロジーが誕生し続けています**。

事実、テクノロジーツールの発展が著しいマーケティング領域では2024年現在、1万4106のテクノロジーが存在する※と言われています。顧客とのタッチポイントの多くがデジタルに移った今、これらのツールを使いこなすことはもちろん、抽出したデータを通して顧客を理解する必要性が高まっています。そして収益創出に責任を持つ部門では特に密接に連携しながらデータを適切に管理、保管、活用する仕組みをつくり、顧客理解および収益創出のためのオペレーションモデルが必要となり、レベニュー組織とRevOpsが誕生したのです。

このようにオペレーションモデルが立ち上がるプロセスの中で、自然と各部署の組織体制やキャリアパスも大きく変わっていきました。これまでは1人の担当者がテクノロジーの運用から実務まで、さまざまな業務を幅広く担当していましたが、この体制では属人的な運用になりやすく、1人抜けるだけで組織全体に大打撃となり、人材獲得競争に勝ち続けなければ安定的な成長を見込むことが難しい状況にあったのです。

※出所：SCOTT BRINKER "Chiefmartec.com 2024 Marketing Technology Landscape Supergraphic" https://chiefmartec.com/2024/05/2024-marketing-technology-landscapesupergraphic-14106-martech-products-27-8-growth-yoy/

また、担当者ごとの実力の差がそのまま影響してしまうため、安定的なパフォーマンスを実現することも困難でした。デジタル化とともにそれぞれの部署でオペレーション専門組織ができていく中で、これに沿った組織体制や要件が見直され、組織にノウハウを吸収する仕組みをつくることで担当者のパフォーマンスを支援するような体制ができていきました。レベニュー組織では特に顕著で、それぞれのオペレーションモデルが確立し、プレイブックを持つ企業も多くあります。

このようなオペレーションの概念は、業界問わずテクノロジーやデータの活用が不可欠である今日、あらゆる企業にとって価値のある考え方です。しかし、RevOpsが誕生したのはごく最近のことで、それまでは各部門のオペレーション部門がそれぞれ運用を回していました。必要に迫られて生まれた各オペレーション部門ですが、サイロ化や個別最適化が進みすぎてしまうことからレベニュープロセスに責任を持つRevOpsができたわけです。

では、レベニューチームが立ち上がる以前は、MOps,SalesOps,CSOpsはそれぞれどのような役割を担い、何を目標として動いていたのでしょうか？　次節からはレベニュー組織における各部門のオペレーション部門の役割を紹介します。

02 MOpsが担う役割の全体像

マーケティングとITの架け橋、MOpsの役割

レベニュープロセスの中でも、特にマーケティングにおいては過去10年間でテクノロジーが爆発的に増加しました。デジタルマーケティングの複雑化・高度化が進む中、テクノロジーに精通した専門チームの必要性が高まり、マーケティング組織のデータやシステムの活用を推進するために、マーケティング活動のオペレーションモデルやプロセスの構築、そしてその運用を推進するMOpsが生まれました。MOpsはよく「マーケティングとITの架け橋」と呼ばれ、実際にマーケティング施策を実施するマーケティング担当とIT部門の間に入り、業務を進めています。IT部門と共通言

語で会話ができるレベルのシステムやデータマネジメントの知識が必要とされ、従来のマーケターとは異なるスキルセットが求められます。

❶最適なマーケティングテクノロジーの選定・導入・管理・運用

自社に適したテクノロジーを選定し、導入、設定、管理、運用して効果的なマーケティングテクノロジースタックを構築するためには専門的な知識はもちろん、**自社のマーケティングの現状や戦略、ロードマップなどのビジネス的な要件も理解する力が必要になります**。以前まではIT部門が担当していましたが、ここまで発展し複雑化したマーケティングテクノロジー環境をIT部門にすべて理解してもらうのは無理難題になっています。また、マーケティング組織内にテクノロジーに責任を持つ専任がいないと、最先端のツールを持っていても、その機能の半分以下しか使いこなせていないというケースも少なくありません。

MOpsは、ツールの選定や導入はもちろん、フィールドマーケティングが効率的かつスムーズにマーケティング施策を行えるよう、最適なツールの運用、プロセス管理を行います。

❷プロセスの策定と運用、ベストプラクティスの集約

マーケティング部門の最大の目標はこのようにして導入したマーケティングテクノロジーツールを駆使して施策を実施し、有望な見込み顧客を営業へ引き渡すことです。そしてフィールドマーケティングが効率的かつ効果的に施策を行えるように、多くのマーケティング部門ではMOpsがマーケティングプロセスマネジメントやキャンペーンマネジメントを行っています。

キャンペーンマネジメントはさまざまなやり方がありますが、一般的には全施策をJira（ジラ）やAsana（アサナ）などが代表するプロジェクトマネジメントツール上でチケット管理し、ＳＬＡ（サービスレベルアグリーメント）に則って各担当にタスクが割り当てられ全体のプロジェクトマネジメントを進めます。

このようにチケット管理することで全施策のデータが同じフォーマットで整理されるため、過去施策の分析が詳細レベルで行えることはもちろん、効率的にベストプラクティスやノウハウが溜まります。また、プロジェクトマネジメントツールを使うことで施策実施までのプロセスのどこがボトルネックになっているのか、どのステップで停滞してしまっているのかが一眼でわかり、効率化向上にも役立ちます。

このキャンペーンプロセスの策定と管理運用は、施策効果の向上のみならずマーケティング組織全体の生産性を把握することにもつながります。マーケティング施策実行のためのプロセスをキャンペーンプロセスマネジメントで策定することは、いわばマーケティングの活動履歴をデータ化しているため、各マーケティング施策の実行に必要な人員や時間がわかります。**これまで多くのマーケティング部門ではマーケティング予算に対してROI測定していましたが、これに追加して作業時間コストに対する効果も算出できるようになるのです。**

例えばウェビナーを1つ行うのにはデザインリソースが4時間、フィールドマーケティングのリソースが6時間、マーケティングオペレーションリソースが4時間必要だ、など各マーケティング施策を行うのに必要な人的リソースを数値で出せるようになるうえ、施策ローンチまでのどの工程で停滞しているのか簡単に確認できるようになります。これらのデータは人材を追加採用するべきか否かの判断はもちろん、特定のプロセスの作業効率を上げるためにツールを導入するべきか、それとも人員を増やすべきかなど、組織構成やプロセス構築などマーケティング部門全体に関わる重要な決断のサポートにもなります。

このようにマーケティングオペレーションがマーケティング部門の施策実行プロセ

スに責任を持ち最適化を続けることで全体の無駄や重複を省き、生産性が上がっていくのです。

❸データマネジメントと分析

マーケティング部門が扱うデータは膨大になっているうえ、さまざまなテクノロジーツールに横断してデータが介在していることも多く、マーケティングデータマネジメントと分析には非常に高度なスキルが求められます。もはやグーグルアナリティクスなどシンプルなツールだけではカバーしきれず、BIツールやDMPなどを介してマーケティングデータの適切な管理・加工を行う必要があります。また、プロダクトの活用データや、カスタマーサクセスのデータなど、他部門が収集したデータをもとにマーケティング施策を打つ場合はこれらのデータを適切に参照したり、加工したりすることが必要になります。

このような高度なデータ分析や加工スキルをマーケター全員に身につけさせるのは非常に難しいため、**多くの組織ではMOpsのチーム内にデータサイエンティストを配置し、各施策の効果検証から年次のマーケティングによる収益の効果分析まで、専門的にデータを取り扱っています。**

❹フィールドマーケティング部門のイネーブルメント

どれだけ緻密に標準化された運用方法やプロセスを決めてもマーケティングチームメンバーが理解して守ってくれなければ意味がありません。**文書やセッションなどを通して正しいツールの使い方やプロセス、社内のルールなどを教育したり、適切な期間マーケティングオンボーディングプログラムを設計したりすることもMOpsの大事な業務の1つです。**

MOpsは多くのツールのゲートキーパーとして機能しているため「データのエキスポート方法がわからない」「プログラムの複製方法がわからない」など、細かい質問の対応で時間がとられてしまい、本当に重要なタスクに時間を割けなくなってしまいます。そのため、これまで紹介した4つすべての役割から学んだノウハウを、部門全員がアクセスできる社内Ｗｉｋｉやプレイブックに集約し、メンバーがいつでも確認して問題を自己解決できるようにすることも大切です。

これらの代表的な業務内容からもMOpsの業務は従来のマーケターのスキルや知識とは違うことがわかると思います。次節で、営業担当を支援する組織、SalesOpsについて紹介します。

03 SalesOpsが担う役割の全体像

営業生産性における鍵、SalesOpsの役割

かつて営業活動は電話や対面でのコミュニケーションが主流でしたが、テクノロジーの普及により、顧客の購買行動は第1章の図1-2で紹介した通り大きく変化し、営業活動は複雑になりました。営業プロセスの前段階でのデジタルツール活用によるデジタルマーケティングやリードジェネレーションも進化したことに加えて、データドリブンな営業活動が求められるようになり、顧客データ、営業データ、業界のトレンドや競合などのマーケットデータの収集と分析が不可欠です。

CRMやデータ分析ツールの導入が進むと、営業活動の効果計測や戦略策定にデー

タを活用することが一般的になり、営業活動のベストプラクティスを確立し、全社的に標準化する専門部隊としてSalesOpsが求められるようになりました。２０００年代以降、クラウドベースのＣＲＭの導入が進む中で、SalesOpsは顧客データのマネジメントに加えて自動化やデータ分析など営業組織の効率化とパフォーマンス向上に欠かせない存在となります。**データサイエンス、ビジネスインテリジェンス、プロセスオートメーションなど多様なスキルが求められるようになり、営業戦略の立案から実行、改善まで包括的にサポートするようになりました。**

SalesOpsの役割は、組織によってごく一部の役割のみを果たしていることもありますが、いずれの場合も営業組織の生産性と効率性を高め、トップラインとボトムラインの両方に貢献することを目指しています。

❶最適なテクノロジーの選定・導入・管理・運用

マーケティング同様に営業領域もテクノロジーが増加しています。※ **自社の戦略やビジネス要件を理解したうえで、適切なテクノロジーを選定し、導入、設定、管理、運用することで営業の生産性向上を実現することが必要になります。**

例えば、商談データのＣＲＭへの記録やメール送信の自動化、営業活動の対象企業

※ナンシー・ナーディン氏によるセールステクノロジーランドスケープ（https://www.linkedin.com/in/nancynardin/）参照。

や担当者の優先順位づけ、営業コーチングやロールプレイにおけるＡＩ活用、見積書の作成や契約管理の効率化、フォーキャスト精度向上などに役立つテクノロジーがあります。営業マネージャーやＩＴ部門と協力して組織に適したソリューションを選定し、導入後には、システムの運用状況をモニタリングし、必要に応じてメンテナンスやアップデートを行います。さらに、ユーザーである営業担当者や営業マネージャーがツールを最大限に活用できるよう、トレーニングを実施します。営業組織が最新のテクノロジーを効果的に利用し、業務効率と成績を向上させる環境を提供するのです。

❷営業プロセスの管理と最適化

自社の製品の販売に適切なセールスメソドロジー（営業の方法論）、ベストプラクティスを導入することで、営業プロセスを最適化します。具体的には、営業活動の全体的な効率性と効果を向上させることを目的に、現行の営業プロセスを詳細に分析し、各段階でのパフォーマンス指標（ＫＰＩ）を設定します。これにより、営業の活動がどのように進行しているかを可視化し、改善のためのデータを収集します。そして、プロセスのボトルネックや非効率な部分を特定し、改善策の提案を実施します。営業プロセスの自動化も重要です。ルーティーン作業やデータ入力などの手作業を自動化することで、営業がより戦略的な活動に集中できるようになります。定期的なレビューとフィードバックループを設けることで、プロセスの継続的な改善を図ります。

❸データマネジメントと分析

営業活動に関連するすべてのデータを一元管理し、そのデータを分析して有効なインサイトを導き出します。具体的には、CRMや営業支援ツールからのデータを正確かつ効率的に収集し、必要に応じてデータのクレンジングと整備を行い、分析に適した状態にします。パフォーマンスの分析を行い、売上のトレンドや成約率、リードの質などを評価できるようにします。営業部門全体や個人の強みや改善点を特定し、戦略的な意思決定をサポートします。また、ダッシュボードやレポートを作成するなど、リアルタイムでの状況把握と成果の可視化を促進します。これにより、営業活動がデータドリブンで行われ、より精度の高い予測や計画が可能となるのです。

❹フォーキャストとプランニング

フォーキャスト（業績予測）は将来の売上や成約数を予測し、組織全体のリソース配分や戦略立案に役立てるために重要であり精度が求められます。過去のデータや現状の商談のデータをもとに分析し予測を行い、営業活動の重点領域やリソース配分を計画します。好調であれば新たな人材採用を含む先行投資の実施や、不調の場合にはレイオフを含めたリソースの最適化余地を検討します。営業計画を策定する際には、各営業担当者の目標設定や進捗管理も実施します。具体的な活動計画やスケジュールを立てることで、営業組織が効率的かつ効果的に動けるようになるのです。また、定期的に予測と実績を比較し、計画の修正や改善を行います。組織の目標達成に向けた戦略的なサポートを提供することで、営業活動の成果を最大化できます。

❺パフォーマンス管理とコミッション（報酬）体系

営業のコミッション管理は日本ではあまり一般的ではないですが、欧米では成長目標達成において重要な要素です。コミッションプランの種類は「基本給＋報酬」などいくつかの種類があり、アクセラレーター（一定の業績を達成するとさらに多くの報酬が得られる仕組み）やディセラレーター（業績が芳しくない場合に得られる報酬が減速する仕組み）などの仕組みを活用しながら、コミッション体系を設計します。

まず、営業担当者のパフォーマンスを評価するための指標を設定します。これには、売上や受注目標の達成度、リードの成約率、新規顧客獲得数などが含まれます。定期的にパフォーマンスデータを収集・分析し、営業担当者ごとの評価を行い、報酬体系を設計します。報酬体系には、基本給、インセンティブ、ボーナスなどが含まれ、個々の営業成績に応じた公平かつモチベーションを高める仕組みを構築します。このとき、報酬体系の透明性と公正性を保つために、明確なルールと基準を設けます。会社の戦略上目指すものとコミッション体系を連動させることによって、より効果的に戦略を実現できます。報酬体系は定期的に改善を行い、常に最適な形で運用される状態にすることで、営業組織のモチベーションを維持し、高い成果を引き出せるでしょう。

❻セールスイネーブルメント

セールスイネーブルメントは、営業組織が効果的に活動し効率的に業績を向上できるよう支援するための取り組みです。まず、営業担当者に必要なツールやリソースを提供します。これには、トレーニングプログラム、セールスプレイブック、資料（初回商談資料、製品説明資料、競合バトルカードなど）が含まれます。

また、最新の市場動向や競合情報を定期的に提供し、営業戦略のアップデートを支援します。さらに、セールスイネーブルメントツールを活用し、営業担当者がリアルタイムで情報にアクセスできる環境を整備します。これにより、営業活動の効率化と一貫性を保ち、顧客とのコミュニケーションを最適化するのです。そして、フィードバックループを構築し、営業担当者からの意見や改善提案を積極的に取り入れ、継続的な改善を図ります。営業組織の能力向上によって成功を支援し、組織全体の売上向上に寄与する役割です。

これらの代表的な業務から、SalesOpsがいかに高い生産性で営業戦略を実現するために重要な役割を果たしているか理解できるかと思います。次節で、カスタマーサクセスを支援する組織、CSOpsについて紹介します。

04

CSOpsが担う役割の全体像

カスタマーサクセス高度化の要、CSOpsの役割

カスタマーサクセス部門は、顧客が製品やサービスを最大限に活用し、成功を収めることを支援する重要な業務です。CSOpsは、カスタマーサクセスチームの効率性と効果を高めるために、さまざまな業務を担っています。

CSM（カスタマーサクセスマネージャー）と呼ばれるカスタマーサクセスの担当者は、顧客の成功に向けて、既存顧客へのチェックイン活動（戦略的に定められた適切な頻度での定期的な訪問）、システムの利用促進プログラムの実行、顧客のヘルスチェックプログラムやシステムの開発、学習プログラムの開発やセミナー、イベントの企画運営な

■ 図3-2：セグメントごとの対応方針（例）

	セグメント	既存契約	ポテンシャル 従業員数 売上・業種など	リテンション率ターゲット	1人あたりの担当企業	
戦略的セグメント	超重要顧客	極大	大	極高	1-10	ハイタッチ プロアクティブ
セグメント5	エンタープライズ	大	大	高	10-30	
セグメント4	ミッドマーケット	中	中	中	30-50	ロータッチ アクティブ
セグメント3	中小企業/ミッドマーケット	小	中	中	50-100	
セグメント2	中小企業	小	小	低	100-200	テックタッチ リアクション
セグメント1	中小企業	極小	小	極低	200-	

ど、さまざまな既存顧客向けキャンペーンを実行しています。

また、カスタマーサポートチームと連携してトラブルシューティングや、顧客の利用シーンや要望を営業や製品開発チームにフィードバックし製品チームとの改善ループの構築のほか、また顧客満足度調査やNPSなどのアンケート実施、それらの数値を改善させる活動など、多岐にわたる活動を行っています。

カスタマーサクセスは一般的に、既存の契約規模や今後のポテンシャルなどのデータをもとに、セグメンテーションを実施し、そのセグメントごとに活動内容や利用するタッチポイントなどが決められています（図3−2）。重要な顧客に対しては、CSM1人あたりの担当企業数を絞って手厚くサポートを実施していき、既存の売上やポテンシャルもあまり大きくないセグメントは自動化を図るように業務が行われています。

このようなセグメンテーションを実施し、優先順位づけを実施しても、ＣＳＭで対応できる企業の数は限りがあり、いかにして生産性を高められるかが成功の鍵と言われています。カスタマーサクセスプラットフォームのリーダー企業であるGainsight（ゲインサイト）はデジタルカスタマーサクセスというキーワードで、人と自動化の両面での活動支援を目指している通り、多くのCSOpsは今後、アセット、支援プログラム拡充などを通じた成功のモデル化やＡＩの活用も踏まえた自動化への挑戦ともいえるかもしれません。このＣＳＭ活動を支えるのがCSOpsです。

❶プロセスの最適化と自動化

CSOpsは、カスタマーサクセスのさまざまなプロセスの最適化と自動化を推進します。繰り返し発生するタスクを自動化したり、営業など他のレベニュープロセスと重複するプロセスを排除したり、より戦略的な活動に集中できるようにテクノロジーやデータの活用を推進する役割です。

例えば、テックタッチと表現されることもありますが、テクノロジーを活用して顧客が自分自身で、システムの導入プロセス（オンボーディングプロセス）を進められるよう、メールや画面のポップアップを駆使しサポートしたり、定期的な顧客フォローアップを適切なタイミングでCSMにアラートを出したり、さまざまなプロセスを自動化させ、顧客体験の向上を目指しつつ、生産性の向上を支援します。

❷顧客データの管理と分析

当然ながら、これらのプロセスの最適化に向けて、**顧客データの一元管理や分析基盤の整備もCSOpsが担当します。**顧客の製品やサービスの利用状況、フィードバック、サポート履歴などのデータを収集し、分析することで、顧客のニーズや課題を把握します。このデータにもとづいて、CSMはより効果的なサポートを提供し、顧客満足度を向上させることができます。

また、CSOpsは、顧客からのフィードバックを収集し、それをカスタマーサクセス戦略に反映させます。顧客満足度調査やNPS（ネットプロモータースコア）を活用して、顧客の意見や要望を把握し、製品やサービスの改善に役立てます。顧客の声を積極的に取り入れることで、顧客との信頼関係を強化し、長期的な成功を支援します。

フィードバックの収集方法としては、定期的なアンケート調査やインタビュー、サポートチケットの分析などが挙げられます。これらのフィードバックをもとに、顧客のニーズに応じたサービス改善を行い、顧客体験の向上を図ります。また、顧客からのポジティブなフィードバックをチーム内で共有し、モチベーションの向上にもつなげます。

Gainsightではこれらの注目するべきデータをダッシュボードに集約し、さまざまなサクセスファクターを「ヘルススコア」として可視化します。図3-3のダッシュボードを見れば、顧客が今満足しているのか、していないのか、きちんと自社のサービスは利用されているのか？など網羅的に把握できます。このようにカスタマーに関するさまざまなデータを収集し可視化することにより、顧客の成功要因や障害となる要因を明らかにし、事前に対策を立てて対応できるのです。

❸ツールとテクノロジーの導入・管理・教育

これらのマネジメントの実現に向けて、**CSOpsは、カスタマーサクセスチームが使用するツールとテクノロジーの選定、導入、管理を行います**。これには、CRMやカスタマーサポートツール、ナレッジベースシステムなどが含まれます。

適切なツールを導入し、フィールド部門が効率的に作業できる環境を整えます。例

■ 図3-3：Gainsightのカスタマーヘルススコア（Gainsight株式会社提供）

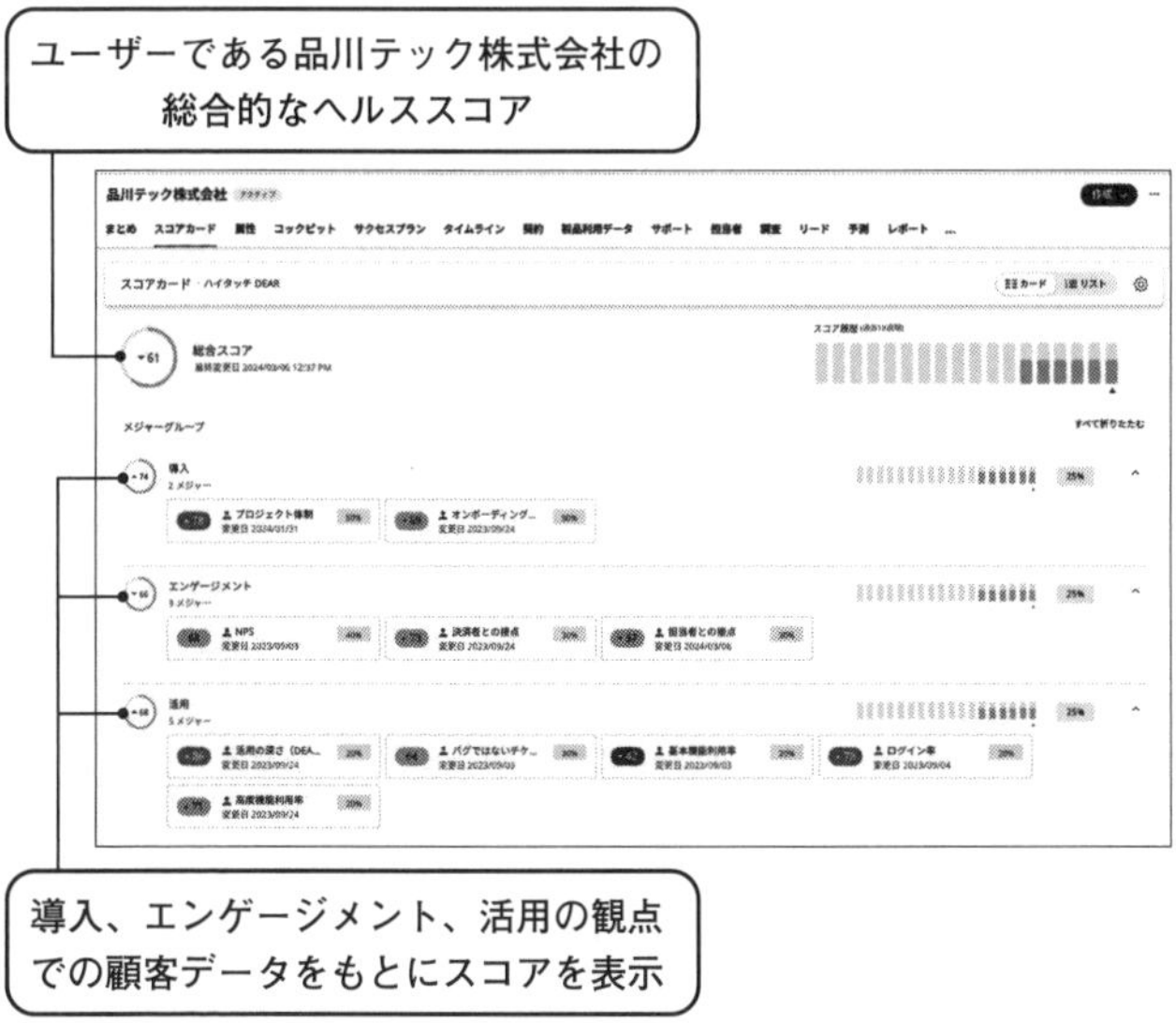
ユーザーである品川テック株式会社の総合的なヘルススコア
導入、エンゲージメント、活用の観点での顧客データをもとにスコアを表示

えば、顧客の問い合わせを迅速に処理するためのチケットシステムや、顧客が自己解決できるようにサポートするナレッジベースの構築などが挙げられます。ツールの選定にあたっては、チームのニーズや業務プロセスを詳細に理解し、最適なソリューションを提供します。また、ツールの導入後には、定期的なトレーニングを実施し、チームが最大限に活用できるようサポートします。CSOpsが扱うテーマは多岐にわたるのが特徴で、幅広いテクノロジーの知識が要求されます。

❹パフォーマンスの評価と改善

CSOpsは、カスタマーサクセスチー

ムのパフォーマンスを評価し、改善策を提案する役割も担います。主要なパフォーマンス指標（ＫＰＩ）を設定し、定期的にデータを分析して、チームの成果を測定します。評価結果にもとづいて、トレーニングプログラムやプロセス改善を実施し、チームのパフォーマンス向上を図るのです。

具体的には、顧客のリテンション率、チャーン率、顧客満足度スコアなどのＫＰＩを設定し、図3-4のような指標をもとに定期的なレビューを行います。レビューの結果によって改善点を特定し、具体的なアクションプランを策定します。また、個々のメンバーの強みや弱みを分析し、パーソナライズされたトレーニングを提供することで、チーム全体のスキル向上を支援します。CSOpsが提案するＫＰＩは多岐にわたります。CSOpsがトラッキングする代表的なＫＰＩは第5章で紹介します。

カスタマーサクセスはＩＴ業界以外でもビジネスモデルのサブスクリプション化の流れで重要な役割を担います。顧客の成功体験を向上させることで、顧客のリテンション率の向上やチャーン率の低減に寄与し、組織全体の効率性と効果が向上し、長期的な成長を支援します。

■ 図3-4：カテゴリ別の指標

収益	製品	顧客の声	顧客体験
顧客獲得コスト（CAC）	トライアルから有償への転換率、リードファネルへの転換率	顧客満足度スコア（CSAT）	初期応答までの速度
ライフタイムバリュー（LTV）	チャーン率	製品の使用目標と機能の有効性（リピーターと常連ユーザー）	問題解決までの速度
製品やセグメント毎のLTV:CAC	ナレッジベースへの訪問者、定期購読者	製品への直接的なフィードバック	カテゴリー別のチケット数とタイプ
更新される収益、リスクある収益	ログイン：MAU、DAU	ソーシャル、コミュニティ、レビューサイトへの製品フィードバック	本番稼働までの時間
セグメント別平均契約金額	製品の活用度	実装期間での体験	バグの数
製品および顧客セグメント別のネット収益およびグロス収益維持率	セッション時間	会社に対するネットプロモータースコア（NPS）	Tier2、3、4へのエスカレーション率
実装バックログ	セッションごとのユーザーあたりのキーアクション数	製品に対するネットプロモータースコア（NPS）	通話放棄率

出所：SmartKarrot “Behind Every Customer Success, There’s Ops: The Untold Story!” https://www.smartkarrot.com/resources/blog/customer-success-ops/

05

部門横断的に顧客像を可視化するには

プロセス・データ・テクノロジーの全体最適化

前述の通り、顧客と最初に接点を持ってから受注、そしてリニューアルまでのレベニュープロセスは、複数部署にまたがって管理されていますが、顧客目線で最適な購買体験を提供するには、顧客やレベニュープロセスに関するデータをチームや部署間で共有する必要があります。

簡単そうに聞こえますが、実際に実現するのは大変困難です。現在活用しているテクノロジーツールを考えてみてください。マーケティングはMAを、営業はSFAを、カスタマーサクセスはカスタマーサクセスプラットフォームをハブとして使用してお

■ 図3-5：データ、テクノロジー、プロセスの全体最適化

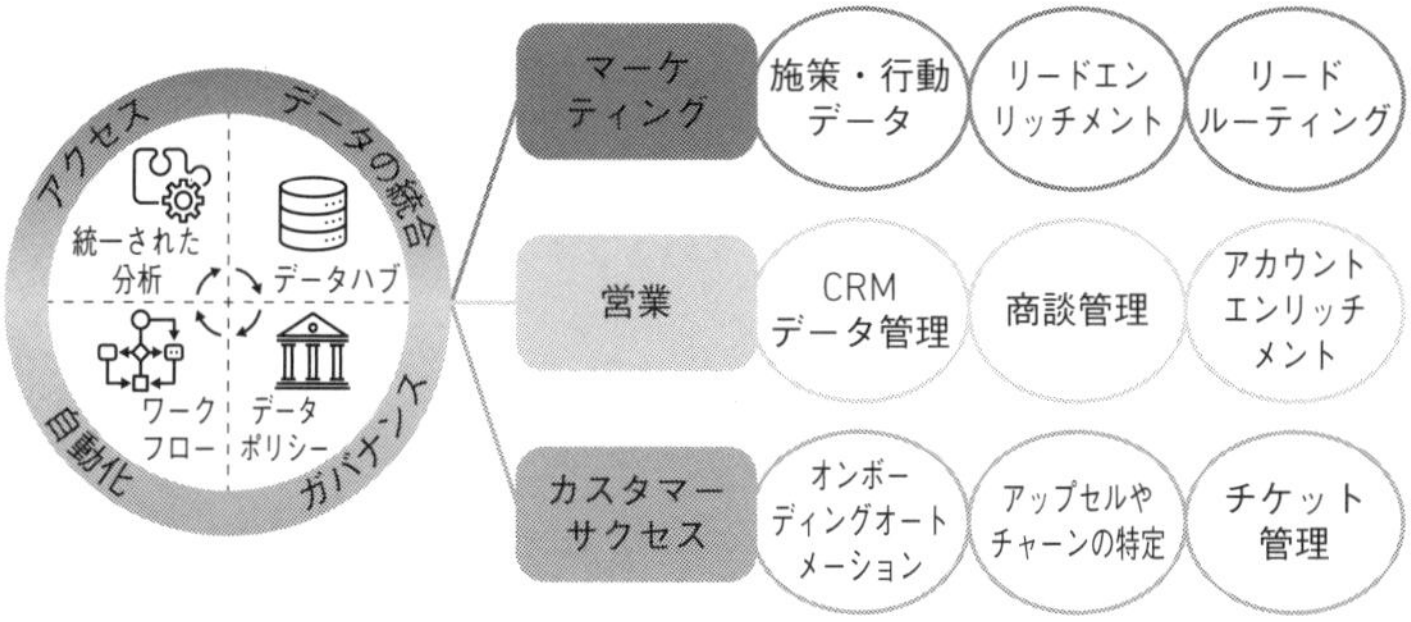

り、それらが統合されていないケースや、それぞれの部署が要件定義をしているためツールの使い方も全く違うケースも多いでしょう。これまで組織体制も使っているテクノロジーも縦割りでデザインされてきたため、レベニュープロセスの全体像を最初から最後まで把握することは容易ではありません。

理想としては図3-5のように、データの蓄積、そのガバナンスの管理、複数部署から収集されるデータプロセスの自動化、そしてその分析やアクセスを一元的に管理する仕組みが整った状態ですが、レベニュー組織を立ててから何年も経っている欧米のRevOps組織でさえこれを実現できているところはまだ多くありません。

部門間でデータを水のように流す

データの表現においては、Data lakeやData stream、drown in dataなど、水のレファレンスがよく使われます。**そもそも、データは水のように柔軟に引っかかりなく部門間を流せる状態にあるべきなのです。**

データに関するよくある思い違いが、「データ＝事実」と捉えてしまうことです。参考にできるデータが限られていたアナログ時代では手に入るデータがファクトに一番近いものとして判断するのも妥当でした。しかしいまや、データの収集方法や見方によって全く違う事実を導き出せるほど、根拠にできるデータは無限にあります。見たい結果を裏付けるデータを集めることは容易になっているのです。これこそ、同じレベニュープロセスを持っているはずのマーケティング、営業、カスタマーサクセスが出すレポーティングの内容に大きな差が生じる理由の1つです。

データは部門間を水のように流れる必要がありますが、その多面的な性質上、**評価軸は統一し、バイアスのない見方で定点観測をしなければなりません。**これこそRevOpsが担う重要な責任の1つです。マーケティング、営業、カスタマーサクセス、

■ 図3-6：収縮するテクノロジースタック

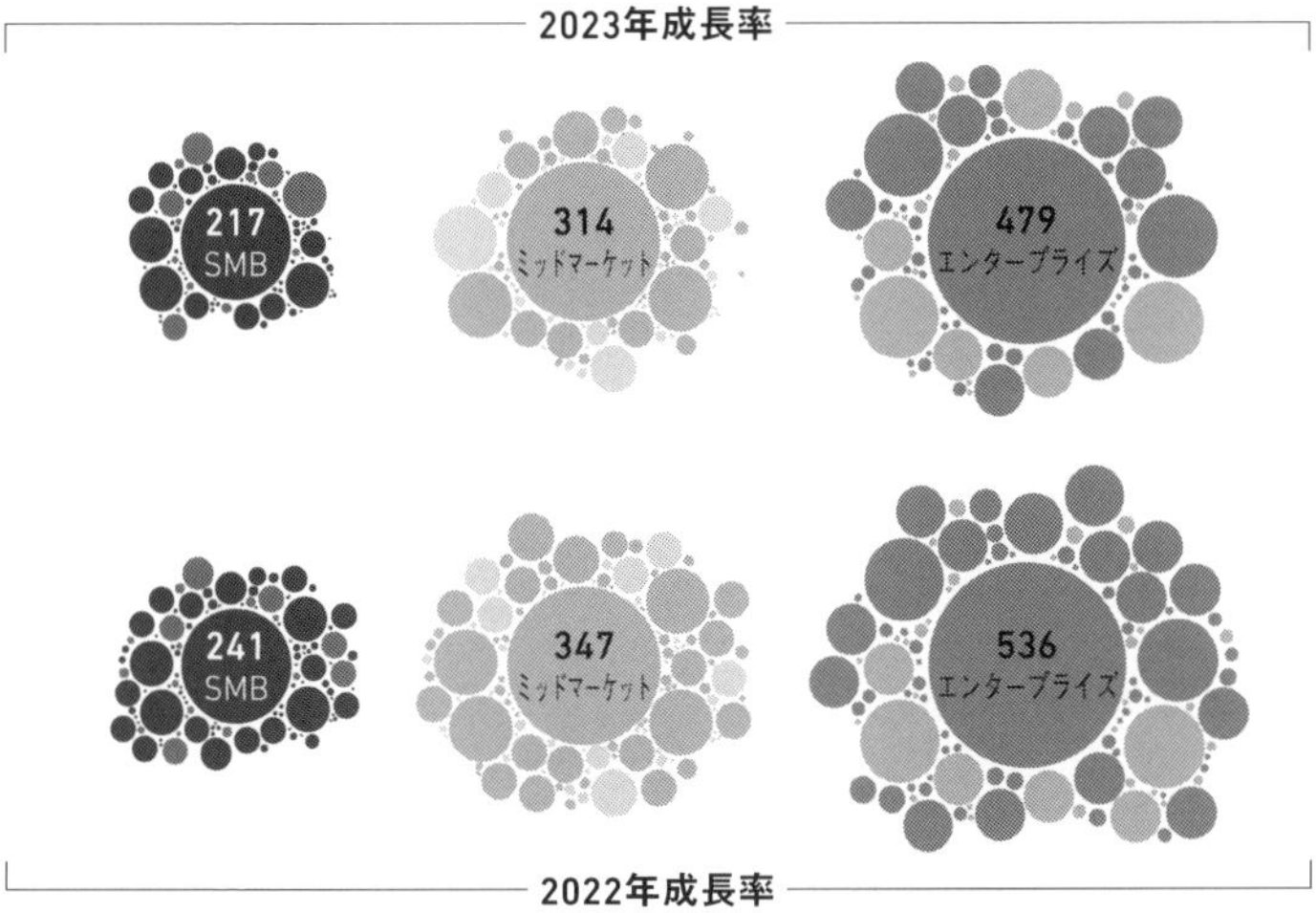

出所：Productive "Average SaaS portfolio Size 2021-2023"

どの部門のバイアスもなく、レベニューの創出という目的にだけ集中して公平なデータ分析を行うのです。

テクノロジースタックの見直し

これまでは多くのツールを導入しそれを活用することに焦点が当てられていましたが、テクノロジー企業などでは、0%の利子でファンディングをとれていた数年前と比べ、ビジネス環境が大きく変化し収益成長はもちろんのこと、コストカットの動きが強まりました。

予算の中でも大きな割合を占めるテクノロジーもその対象となり、自社のテクノロジースタックを精査する企業が増えています。先ほどご紹介したSMB企業、ミッドマーケット企業、エンタープライズ企業が使用するテクノロジーツールを調べた2024年のプロダクティブの調査では、2022年から2023年にかけて平均で10%低下したことがわかりました（図3-6）。

Single Source of Truth（SSOT：信頼できる唯一の情報源）の構築

これまでマーケティングはMAを、営業はSFAを、カスタマーサクセスはカスタマーサクセスプラットフォームをそれぞれのSingle Source of Truth（SSOT）、つまり信頼できる唯一の情報源として使用してきました。しかし前述の通り、これらのシステムは縦割り組織に合わせてデザインされているため、顧客の全体像を推しはかることは非常に難しくなっています。

そこで、欧米のRevOpsでは数年前からこれらの部署を横断したSSOTをCDW（クラウドデータウェアハウス）やCDP（カスタマーデータプラットフォーム）を用いて構築しようと努めています。SSOTは一般的にAmazon Redshift（AWS）、Google BigQuery（Google Cloud）、Snowflakeなどに格納されているケースが多くあります。CRMなどだけでは処理できない、あらゆる膨大なデータを活用する企業にとってこのような部門間を超えたＳＳＯＴの構築は重要です。ＩＴ業界は統合と分散を繰り返すといわれますが、アプリケーションの多様化という観点では明らかに分散が拡大している今、データを1か所にまとめる必要性が認識されています。

テクノロジースタックの構築において大事なキーワードとなっているのが、コンポーザビリティ（Composability）です。コンポーザビリティとは、交換、組み合わせ可能な独立した要素でシステムを構築し、必要に応じて簡単に追加、削除、または交換できる状態のことを指します。つまり、それぞれのアプリケーションが相互に影響を受けずに簡単に入れ替えられることを意味します。レベニュー組織で運用されているシステムはアプリケーションを変更するたびに他のシステムが影響を受けるようなケースが多々存在します。

これらの課題を抱えていると、データモデルを変更したり、新しいタッチポイントから入るデータに対応したりといったようなことが機敏にできません。コンポーザビリティが高いシステムは当然ながら柔軟性とカスタマイズ性、機敏性が高まります。特定のニーズに応じて、あらゆるシステムとの統合の煩わしさを軽減した状態で、ＣＤＰを進化させることができたり、データの分散を防いだりすることにも貢献するでしょう。基盤レイヤー以外のアプリケーションの付け外しが非常に簡単になるため、特定のベンダーロックインの防止にもつながり、リスクの軽減に貢献します。変化するマーケットの中で、素早い対応ができない問題を解決するために、コンポーザブルな仕様を備えた新しいサービスが登場してきています。

代表的なものがCDP（カスタマーデータプラットフォーム）です。CDPとはマーケティングチャネルや営業活動、カスタマーサクセス活動を通じて、複数のシステムから収集された顧客データを統合し、一元管理するためのプラットフォームです。CDPは、マーケティング、営業、カスタマーサクセスなどの部門が、統合された顧客データを利用して、より効果的でパーソナライズされた体験を提供することを目的として導入されることが多くあります。

従来CDPはデータを格納するストレージ機能がついていました。しかしこれでは図3-7のようにデータウェアハウスとCDPは2つのSource of Truth（SOT）が存在する状態になってしまいます。さらにCDP内のデータを介さなければ、他のアプリケーションとの連携やデータ連携ができない状態でした。

しかし、近年注目されるコンポーザブルCDP（Composable Customer Data Platform）は違った仕様を持っています。**コンポーザブルCDPは、既存のクラウドデータウェアハウスを活用した状態で、データ収集やストレージ、データモデリングといった各**

■ 図3-7：従来のCDPの課題

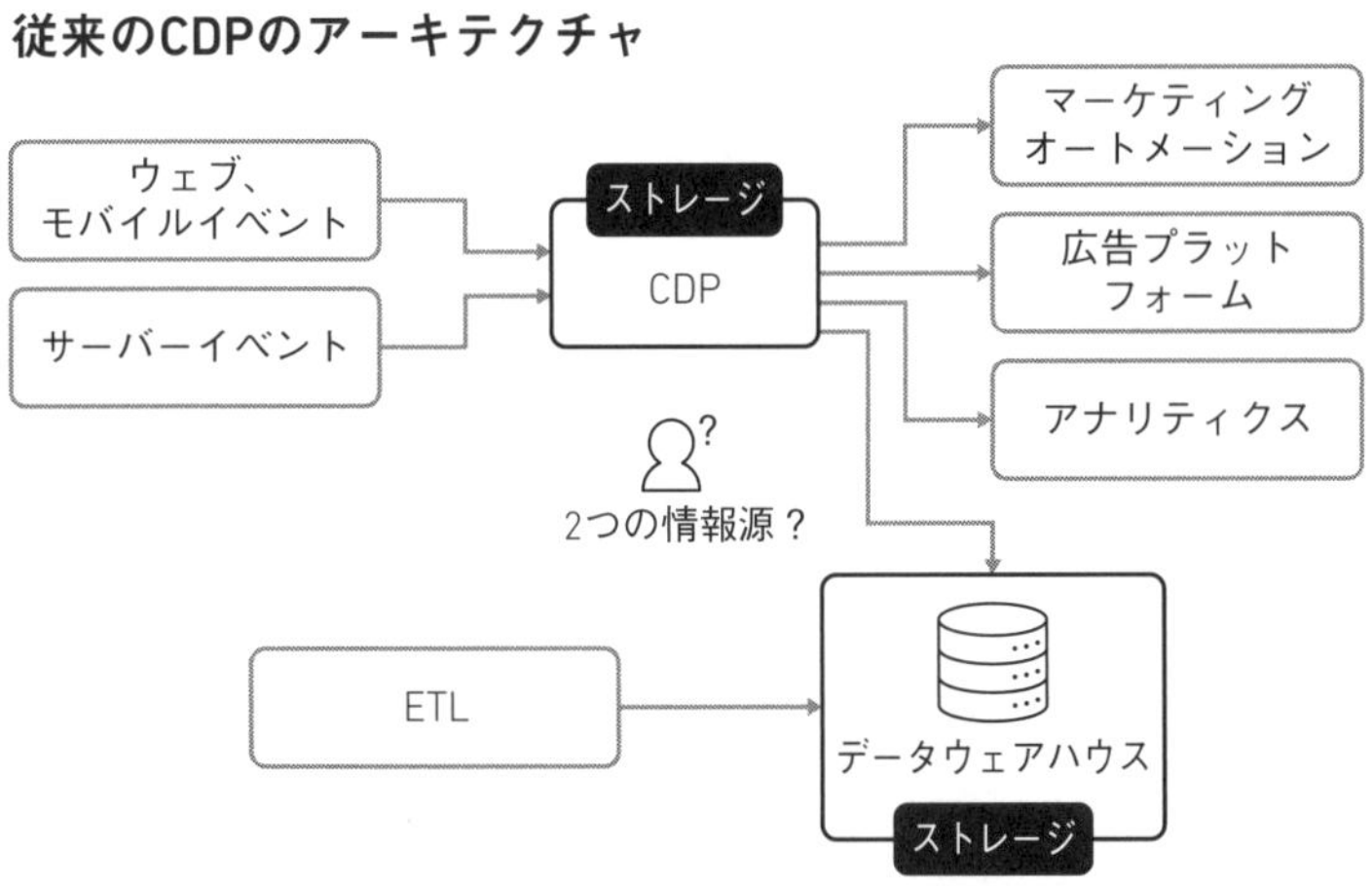

出所：Monte Carlo "The Composable Customer Data Platform" https://www.montecarlodata.com/blog-composable-customer-data-platform/

■ 図3-8：ETLとリバースETL

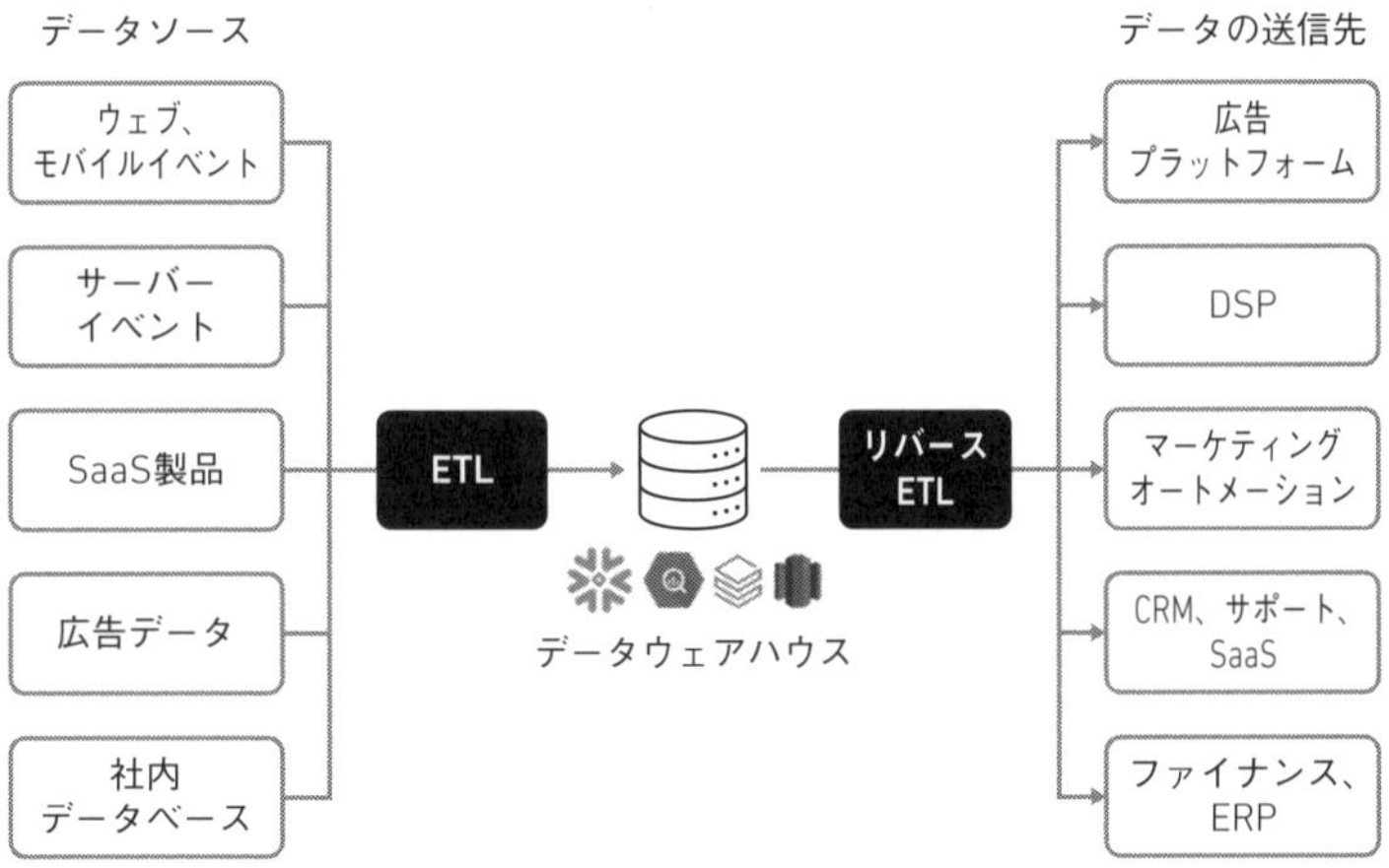

出所：Hightouch "Get your customer data in all of your tools — fast" https://hightouch.com/

■ 図3-9：統合されたSource of Truth

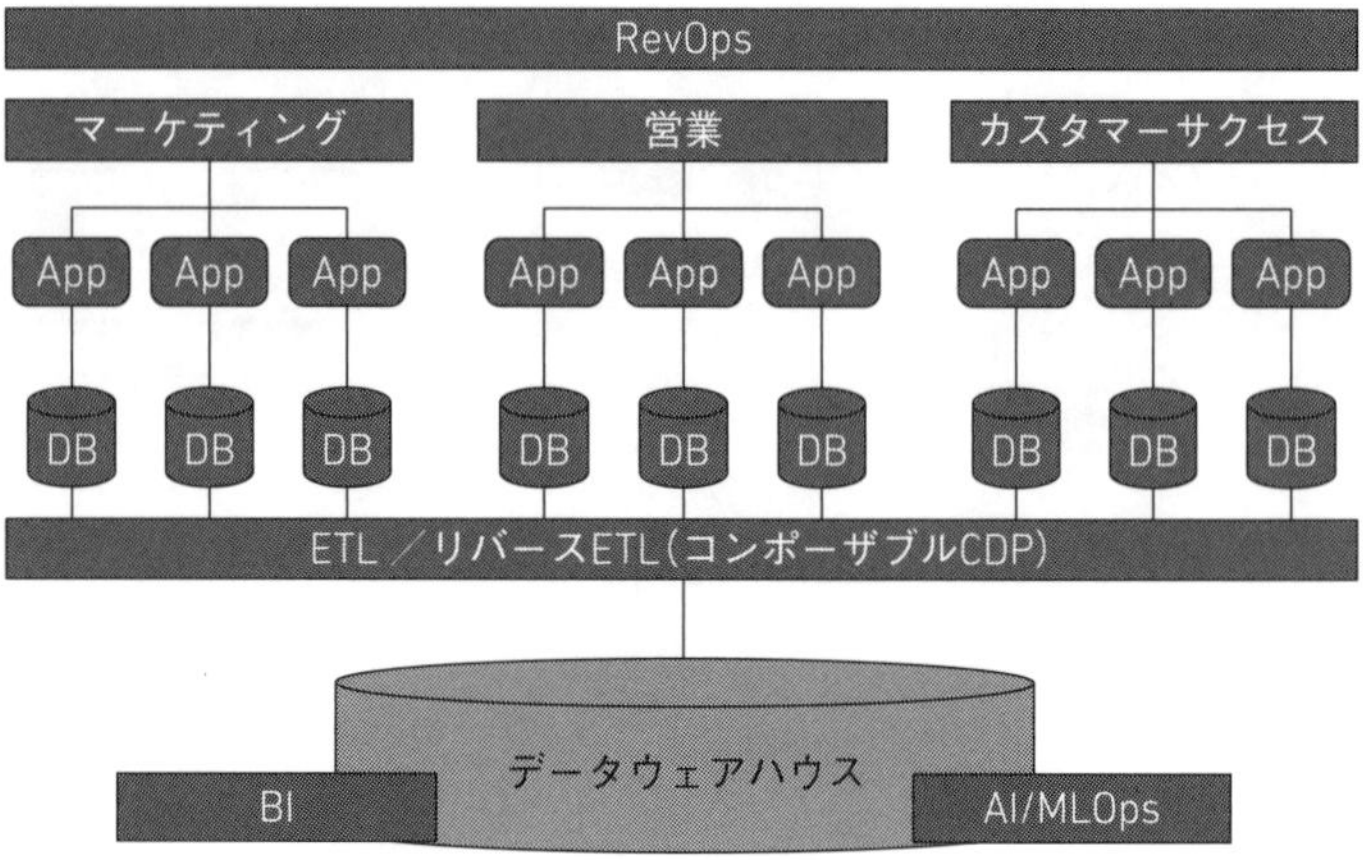

コンポーネントを最適なツールで組み立て可能な状態にできます。これにより、SSOTはデータウェアハウスに統合され、必要なアプリケーションとの連携が非常に簡単な状態を作り上げます。データウェアハウスからCRMや広告システムといったような各種アプリケーションに統合する際はHightouchのような製品を使い、データを簡単に連携するリバースETLの機能を使うケースも多いです（図3-8）。つまり、既存のデータウェアハウスに蓄積されたデータの分散を防ぎ、統合を維持したまま、必要なアプリケーションにデータを連携できるのです。

このような背景からレベニュー組織では図3-9のように部門を横断したCDWや

ＣＤＰを置き、それぞれの部署で中心的に使われているアプリケーションを直接つなげたり、ＥＴＬを介してデータを一元管理したりすること、そして縦割り組織用にデザインされたパッケージツールをそのまま使うのではなく、部門横断的に必要な機能を集め、いわゆるコンポーザブルアーキテクチャのアプローチをとる動きが欧米で見られています。特に、急速に変化するテクノロジーランドスケープに柔軟に対応できるよう、コンポーザブルアーキテクチャへと移行する組織は増加しており、注目が集まっています。

興味深いことに、ガートナーが企業のデジタルＩＱを調べた調査では、デジタルを活用できている上位の企業、GeniusとGifted企業はそのほかに比べてＣＤＷにデータを保管しているケースが多く、ＣＤＷとＣＤＰを併用していることがわかります（図3-10）。

別に新しい取り組みではない、と思う方もいらっしゃるかもしれません。事実、これまでも多くの企業でＩＴ部門が主導になりマスターデータ管理やデータウェアハウスプロジェクトを行ってきましたし、正直なところ、目的はこれと大きく違うところはありません。

唯一の違いはこれまでこれらのプロジェクトにおいてレベニュー組織が主導権を

■ 図3-10：GeniusとGifted企業はCDWとCDPを併用

トップブランドはCDWにデータを保存する傾向が強い

CDPを導入しているブランドのシェア

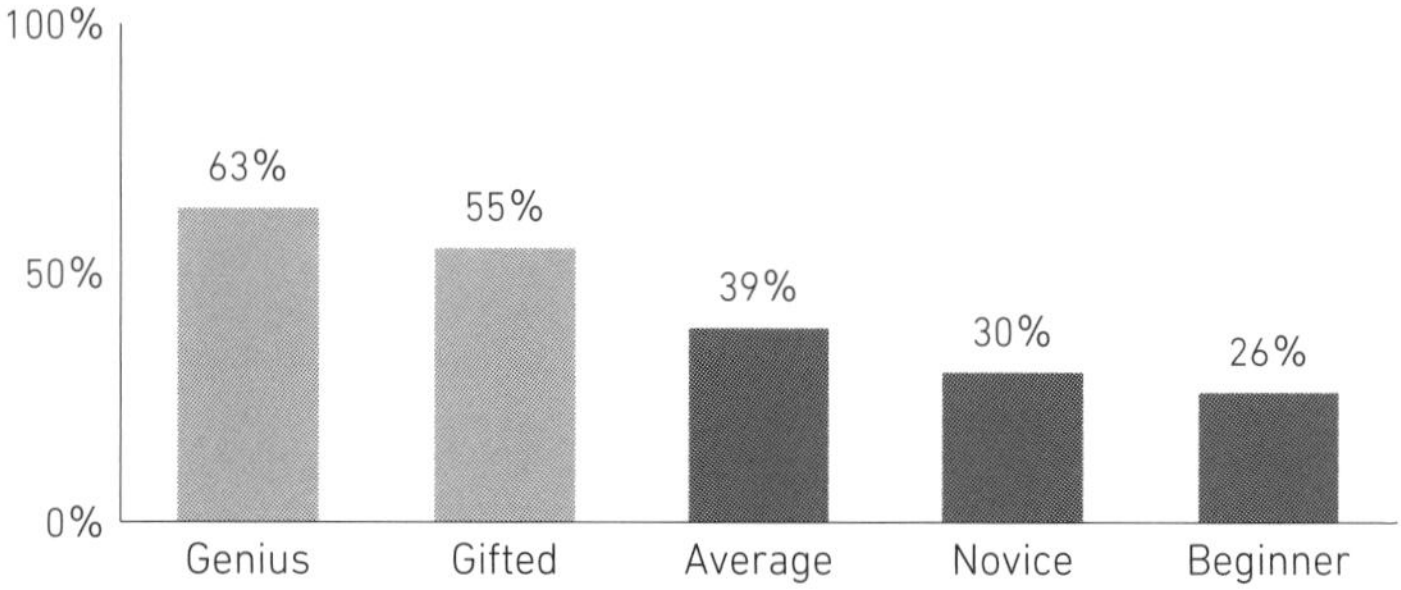

出所：Gartner analysis of BuoldWith Data

n=1,120 brands;

トップブランドはCDWとCDPを導入する傾向が強い

各DIQクラスにおけるCDP、CDW、その両方、またはそのどちらかを導入しているブランドのシェア

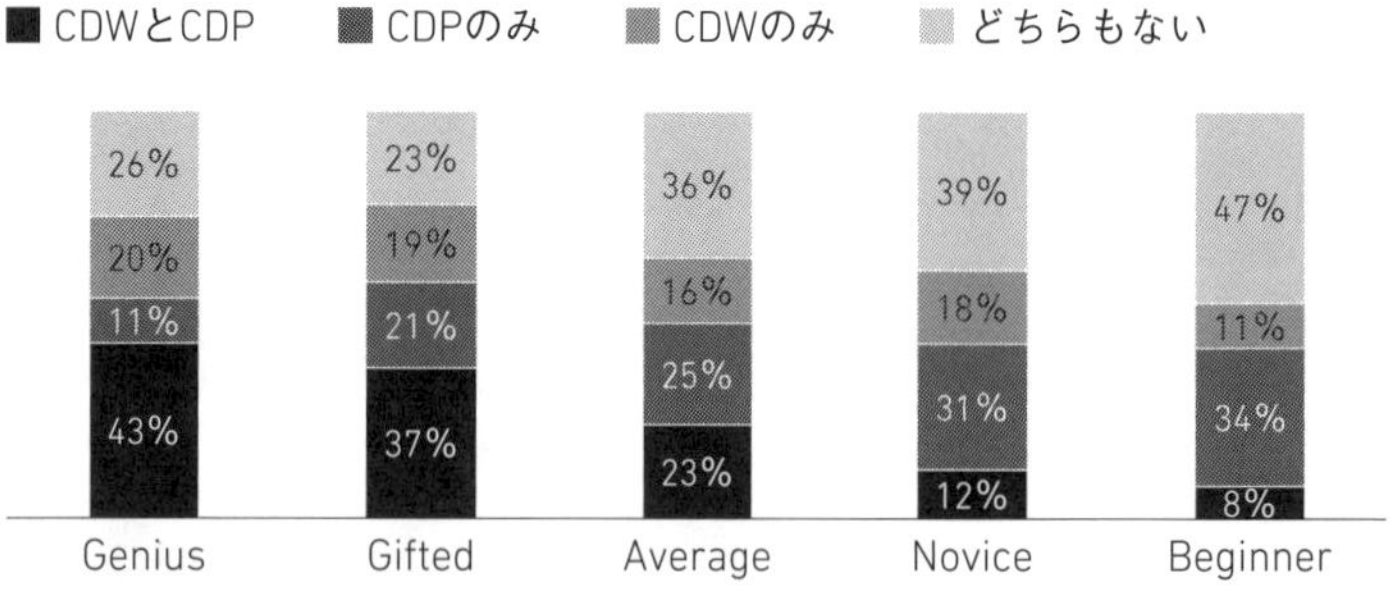

出所：Gartner analysis of BuoldWith Data

持っていなかったことです。よりビジネスに直結した形でシステムを構築することに注目が集まっているのです。また、IT部門が推進してきたプロジェクトの多くはこれまで、活用前のデータ段階で停滞してしまっています。データの統合を行ううえではデータの品質管理が大変重要ですが、これを行わなかったためにせっかくシステムを構築しても使い物にならなかったり、根本的なアプローチが間違っていたりするケースが大変多いのです。

また、このコンポーザビリティの高いシステムの構築方法が正解かどうかはまだ議論の余地があります。マネジメントプロセスの設計方法、セキュリティとコンプライアンスのリスク、複数のベンダーが入ることによる脆弱性の増加、テクノロジーベンダー間で、誰が問題のオーナーなのかが不明になるリスクなど、課題もあるため、安易にコンポーザビリティを高めるだけではいけません。

このようなさまざまな理由から、部門横断的に顧客像を可視化できるようなデータ基盤を構築することに成功した企業はまだ多くありません。レベニュー組織が急速に成長を続けている今、これからも注目されることでしょう。

インタビュー

RevTech紹介①
顧客体験向上の鍵は部門間データ統合
——クリエイティブサーベイ株式会社 石野 真吾

石野 真吾 代表取締役

2013年にSansanへ入社しセールス&マーケティングの仕組みづくりなどを行った後、2017年よりマルケト（現アドビ）にてソリューション開発や新製品のSalesTechの国内展開を牽引。2019年よりスマートドライブにてCEO補佐兼CMOとしてマーケティング領域および事業開発領域を統括する。2023年5月よりあらゆる顧客接点で営業機会を逃さない「Ask One」と顧客とブランドのつながりを強くする「CREATIVE SURVEY」を提供するクリエイティブサーベイの取締役副社長に就任し、同10月より代表取締役。Ask Oneは、〝あらゆる顧客接点で営業機会を逃さない〟をコンセプトに、社内外のあらゆる顧客接点における入力インターフェースの統合を支援している。

クリエイティブサーベイのWebサイト https://jp.creativesurvey.com/

RevTech紹介コラムでは、著者が注目するテクノロジー企業へのインタビューを紹介します。最近では、効果的なテクノロジーの構築に加え、顧客中心のテクノロジースタックデザインが重視されています。データの活用は特に重要です。本コラムでは、マルチブランド戦略を掲げて成長を続けるクリエイティブサーベイのアプローチについて詳しく見ていきます。

■顧客体験の分断に直結する組織・ツール・データの分断

マーケティング、営業、カスタマーサクセスは収益最大化という同じゴールを持っているのにもかかわらず、多くの溝を抱えています。ターゲット顧客の定義というシンプルなことでさえ、部門間で合意できないということはよく聞く話です。

加えて今日の組織が使用するテクノロジーツールの数は年々増加しています。Zulo 2023 SaaS Management Index Reportによると、欧米では中小企業から大企業まで平均して251のツールが使用されています。テクノロジーの発展と同時にポイントソリューションが爆発的に増えていることを考えると、今後もこのトレンドは続くでしょう。

そのような中、**多くの方が課題に感じるのがデータの分断です**。弊社がクライアント企業のビジネスパーソンを対象に実施した「BtoBセールス&マーケティングに関する調査」では、営業とマーケティング領域で5つ以上のITツールを導入している企業の約60%以上が、データの分断に課題を抱えていることがわかりました。

複数の原因が考えられますが、まず、縦割り組織に沿ってつくられたシステムごとにデータを収集していることが挙げられます。収益の最大化という同一のゴールを持っているのに、マーケティングはMA、営業はCRM／SFA、カスタマーサクセスはチケット管理システムなど、各部門のデータ収集方法もデータベースもバラバラになっています。それぞれのデータ処理プロセスや統合方法を熟考しないまま個別最適化が進むため、レベニュープロセス全体を通した観点で見られなくなってしまうのです。また、ツールの思想を理解しないまま、既存のオペレーションを変えずにツールを活用しようというアプローチもデータ分断の一因になっています。

このような状態ではツールの定着化が進まず、ツールとエクセル、2つでデータが管理されているといった状況に陥ってしまいます。**組織、データ、ツールの分断はそのまま顧客体験に反映されてしまいます。**デジタルにおける顧客接点ではフォームなど何らかのデータ入力が伴うことが多くありますが、対応部署が変わったために同じ情報を複数回入力しなければならないというケースや、マーケティング部門のフォームはよかったのに、カスタマーサクセスでは使い勝手の悪い無料のフォームツールが使われている、などといったケースがよく見られます。また、MAやSFAなどの各システムのフォーム機能を使った結果、柔軟にプロセス設計ができないことや、たく

■ AskOne

データの入口を統合すれば顧客基盤にデータを集約できる

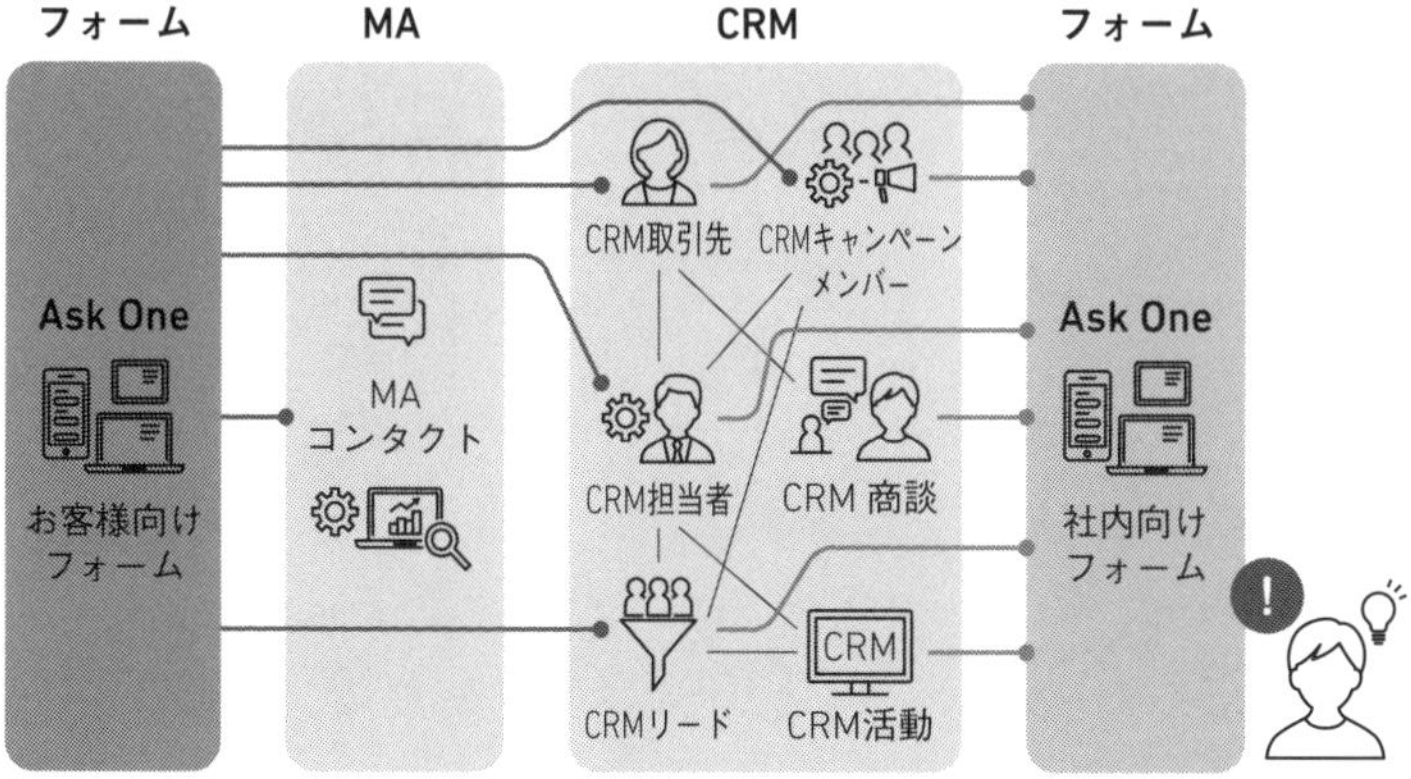

さんある安価なデータ入力ツールで結局データが分断し、意味あるインサイトが導き出せないということも大きな問題になっています。

■解決の鍵は データの入り口

これらの課題を解決する鍵は、データの入り口にあります。各部門で基盤として使われているシステムを変えることは難易度が大変高くなるため、各部署の基盤システムはそのままに、部門横断的に統合されたデータの入力を実現することが重要です。

例えば、弊社の提供するAsk Oneはデータ、インターフェース、そして顧客体験の統合と改善を行うため、部門の垣根を越え

■ 分散したデータをリアルタイムに取得・活用・蓄積

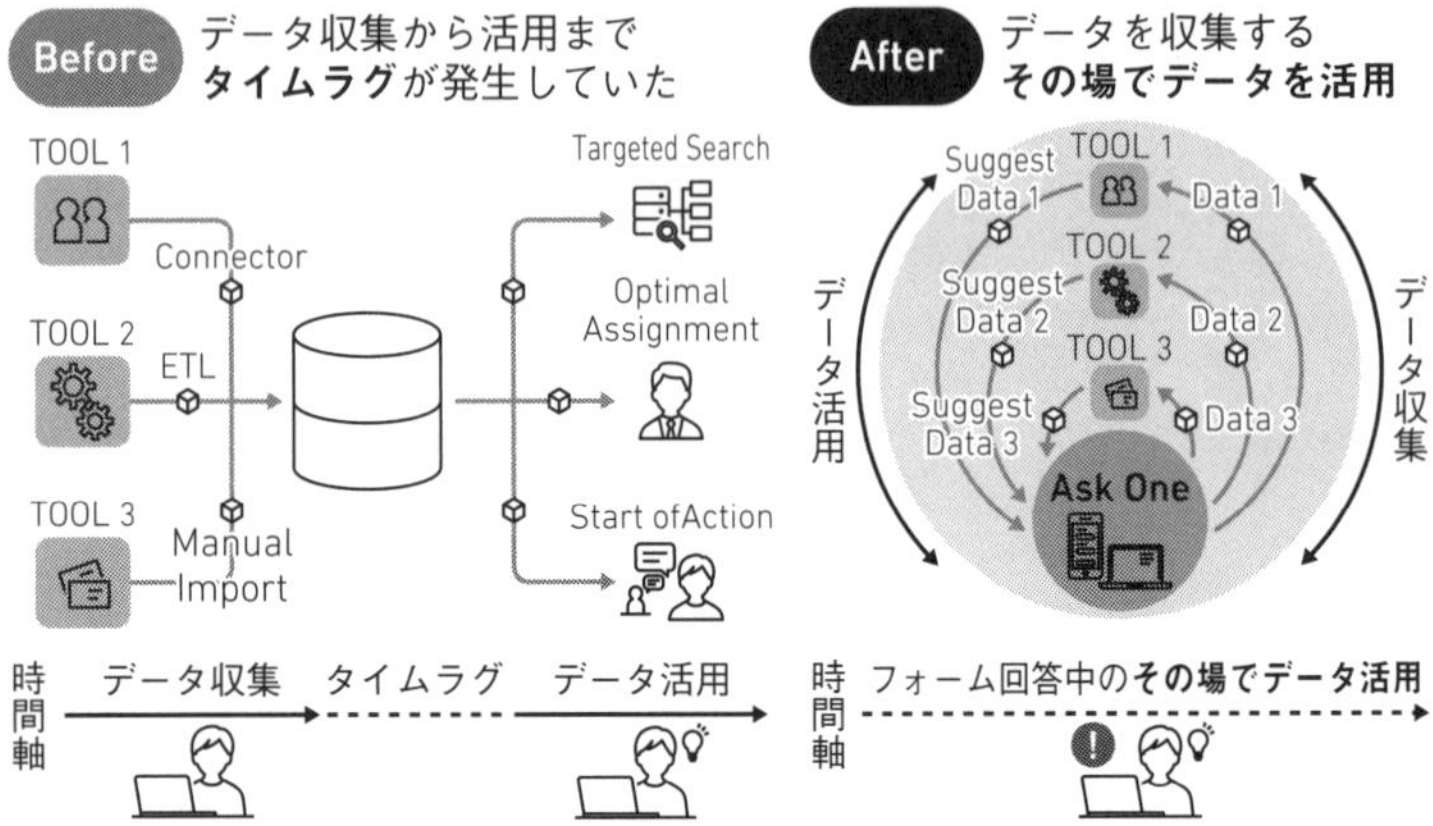

たあらゆる顧客接点でデータの流れを統合できます。前ページの図のように、データの入り口を統合し、正しいデータ処理をすることで部門ごとに、かつ、部門を横断したデータベースを複数管理・運用することも可能になり、各部門のニーズを満たしつつレベニュープロセスを通した全体最適化ができるようになるのです。

■幅広いユースケース

このようなデータ統合のニーズは、顧客データを多く扱うマーケティングはもちろん、営業、カスタマーサクセスなど幅広い部門で顕著に表れています。マーケティングにおいては展示会やセミナーなどで名刺情報とヒアリング情報をセットでデータ入力するようなケース、営業においてはCRMをはじめとする社内システムのデータを統合し顧客カルテを作成するようなケース、カスタマーサクセスにおいては顧客満足度調査や製品クイズ、活用度診断に役立てるケースなどさまざまです。

また、これまでのデータの扱い方は「収集→分析→活用」というステップが一般的で、データの収集から活用までにタイムラグがありました。**しかし、これから顧客ニーズに瞬時に対応していくためには、複数システムに散らばるデータを即座に活用できる仕組みをつくることが必要です。**例えばAsk Oneでは名刺を撮影するだけでCRMのデータをリアルタイムに参照し、過去の契約や担当営業者などの情報によってページやコンテンツを出し分ける機能も備えています。サイロ化されたデータとオペレーションを統合し、リアルタイムにデータを価値に変えられるのです。また、レベニュープロセスを理解し、実務経験を積んだメンバーがレベニュープロセス最適化のためのデータ統合をどう実現するべきか、サポートを含めて提供することで、幅広いレベニュー組織のユースケースを支援しています。

■今後の展望

労働人口が減り人材獲得競争がますます厳しくなる中、これまで通り人員増加で成長し続けることは大変難しくなると考えています。私を含め経営者やリーダーの方には、収益の創出を効率化・最大化するために大きな変革を行わなければいけないという危機感と自覚を持つことが求められていると思います。データ統合の課題はさまざまな業種業態の企業に存在しています。私たちは、企業が最適な場所に最適なデータをインプットし、リアルタイムに反映されたコンテンツをつくるうえで、データと人が介在するアプローチができるよう、データインフラ構築のお手伝いを強化していきます。

また、弊社の組織においても全体のバランスを見てそれぞれの部門がどう動くべきかを考えながら、人員配置を含めたボトルネックに柔軟に対応できるレベニュー組織の構築を目指しています。専門性と視野の広さを備えたT型人材を集め、「顧客の声を機会に変える」というミッションにもとづいて組織の成長とお客さまの成功を推し進めていきたいと考えています。

第4章

RevOps専門組織を設立する

01

ビジョンと目標に沿ってRevOpsが担う役割の全体像を定義

まず何からはじめるのか？

前章まででRevOpsの価値や役割について理解できたと思います。では、いざRevOps組織を立ち上げる際にはどのように進めるのがよいか見ていきましょう。

RevOpsを組織化する際にいきなり組織図の構想から入るというのはナンセンスです。

RevOpsチャーターとは、RevOpsの取り組みが収益成長に貢献するようにゴール・目的を明確化、予算やスケジュールの概要などを文書としてまとめたものです。成功の鍵は、計画的な優先順位付け、明確な実行戦略、連携した体制です。

チャーターには作成においておさえるべきステップがあります。まずは、どのよう

■ 図4-1：ForresterのRevOpsチャーターテンプレート

<table>
<tr><th colspan="6">説明</th></tr>
<tr><td colspan="6">収益に関連するすべての活動、プロセス、リソースを調整することにより、効率性、有効性、事業貢献度を高める。</td></tr>
<tr><th colspan="2">優先課題</th><th colspan="2">主要なステークホルダー</th><th colspan="2">主要なプロセスの連動</th></tr>
<tr><td colspan="2">・戦略と計画
・報酬
・測定、レポート、知見
・プロセスのデザインと管理
・商談追跡
・テクノロジー
・プロジェクト管理</td><td>・CRO・CSO
・直販営業・パートナー営業
・セールスイネーブルメント
・フィールドマーケティング
・プロダクトマーケティング
・カスタマーマーケティング
・カスタマーサクセス</td><td>・CXO
・IT
・ファイナンス
・法務
・プロダクトマネジメント
・パートナーアライアンス</td><td colspan="2">・営業とマーケティングの計画
・戦略的な予算の割り当て
・テクノロジーの連携
・連携された指標管理
・パイプラインとフォーキャスト
・データ戦略と導入
・顧客ライフサイクル</td></tr>
<tr><th colspan="6">主要な活動と責任</th></tr>
<tr><th>計画</th><th>プロセス管理</th><th>テクノロジー管理</th><th>データ戦略と管理</th><th>測定と分析</th><th>人事</th></tr>
<tr><td>・年間計画
・予算の割り当て
・市場のセグメンテーション
・カバレッジデザイン
・報酬デザイン
・パートナー計画</td><td>・ウォーターフォールデザインと管理
・リードマネジメント
・パイプラインマネジメント
・フォーキャスト
・カスタマーオンボーディング
・カスタマーリテンション</td><td>・MA
・SFA
・テックスタック評価とロードマップ
・RevTech最適化</td><td>・マーケティングデータガバナンス
・営業データガバナンス
・顧客データ
・見込み顧客データ
・契約データ</td><td>・レポートとダッシュボード
・営業・マーケティング分析
・レベニューエンジンインサイト
・オペレーションと競合分析
・パフォーマンス分析</td><td>・組織デザイン
・役割と責任
・成功指標
・人員の数と投資
・報酬</td></tr>
<tr><th colspan="6">成長の指標</th></tr>
</table>

出所：RevOpsAFのForrester登壇資料より抜粋

な責任を負うべきか？ 現在はどの程度実施されているのか？ 潜在的な価値や影響は何か？ 潜在的なリスクは何か？ 企業として、部門としての目標に整合性はあるか？ などの役割の範囲を明確化します。その範囲は、**現在のリソースや制約条件に合わせるのではなく、理想的な状態を踏まえてまずどこから取り組むのかを整理して決めます**。そのうえで、初期ステップとして実行に必要なものを明確化します。どうすればやり遂げられるのか？ 実現するための必要な能力やスキルは何か？ 経営陣のサポートはどの程度必要になるのか？ などです。

すべて決まったら、チャーターを作成します。チャーターは、RevOpsの機能の役割を定義し、長期的な指針となるので、短期的な計画書にならないように注意してください。図4-1はForrester（フォレスター）が提唱しているRevOpsチャーターテンプレートです。

RevOpsへの移行は多くの企業にとって容易ではないかもしれません。しかし、パフォーマンスの向上はその努力に見合うものになります。より大きな目標を達成するために一連の小さな段階的ステップを実行し、積み重ねることによって、苦労が成果となって現れるはずです。**決して一過性の取り組みではなく、漸進的な活動として長期にわたって維持拡大していくものになるでしょう。**

レベニューオペレーティングモデル

レベニュー組織やRevOpsの構築に取り組む組織の多くは、レベニュー組織の分業化が進み、組織構築やテクノロジースタックの個別最適化により、部門間の対立やミスコミュニケーションが生まれると同時にレベニュープロセス全体で見ると効率性が落ちてしまうという課題を抱えています。これらの壁を壊すため、レベニュープロセスを一気通貫で管理するレベニュー組織、そしてそのオペレーションを横軸で管理し、全体最適化を行うRevOpsが必要とされています。

第1章で紹介した通りRevOpsはGTM戦略と4つの柱で構成されます（図1-1）。

■Go-To-Market戦略

RevOpsはビジネス目標達成に向けて、GTM戦略の立案、レベニューの組織デザインやステークホルダー管理、リソースの優先度の決定、それにもとづいたレベニューモデルの構築を行います。多くの組織でこれらの意思決定は各部門のリーダーの意見も聞きながら、CROが中心となって行います。これらはレベニュー組織全体で方向性や戦略を確認するための「RevOpsプレイブック」として文書化されてレベニュー組織に共有されることが多く、必要に応じて随時アップデートがかけられます。

■オペレーションマネジメント

●プロセス

RevOpsはレベニュープロセス全体のデザイン、管理、運用、そしてそのパフォーマンスに責任を負っています。そのためマーケティング、営業、カスタマーサクセスを通した一貫の流れの中で評価するべき中間指標やマイルストーン（MQLやSQL、商談ステージなど）の定義決めやそれらの間でハンドオフする際のSLAの策定や管理といったレベニュープロセス全体に責任を持ちます。

●ワークフロー

これらの複雑で大量のプロセスをスムーズに動かすためには自動化されたワークフローや一部マニュアルのワークフローを設計する必要があります。これらの作成や管理・運用、そしてワークフロー間の停滞がないかなどを確認することもRevOpsの責任となります。

■レベニューイネーブルメント

レベニュー組織のフィールド部門が戦略を実現し、高い生産性で顧客に価値提供するために、システムとプロセスのトレーニングや育成、コンテンツの提供、イネーブルメントテクノロジーの選定や活用促進、インセンティブ設計を実施します。

■RevTechマネジメント

レベニュー組織全体の業務効率化を実現し、スムーズにプロセスを進めるためのテクノロジースタックのデザインや構築、管理、運用を行います。組織の規模によってはすべてのツールをRevOpsで管理するケースもあれば、横軸でパフォーマンスを計測できるような基盤（データ、ワークフロー、分析・レポーティングなど）のみをRevOpsで整え、その上にのせる各部門で使うポイントソリューションは各部門で管理するケースもあります。

■データマネジメント・インサイト

●データ

必要なデータの一貫性を確保するために、データウェアハウスなどを活用しながら、レベニュープロセスの最初から最後までを管理し、最適化するためのデータ収集、加工を実施します。データ戦略やガバナンスの策定、そしてデータ収集の際の項目の決定、共有データの切り出しなどに責任を持ちます。

●インサイト

レベニューライフサイクル全体の合意された分析指標をレポーティングします。各部門の指標やレポーティングの整合性をとったり、フォーキャスト分析、パイプラインの現状分析やファネルコンバージョン分析、顧客のヘルス分析などさまざまなデータを駆使して分析を行います。前述の通り、データは切り取り方によってどのようにも見えてしまうため、RevOpsを持つ組織の中には各部門で分析は行わず、RevOpsで全分析を管理しているケースもあります。

02 RevOps組織モデル

RevOpsの役割を4つの機能に集約

RevOps部門は多くの場合、図4-2のようにCROに直接レポートし、マーケティング、営業やカスタマーサクセスのリーダーと同等のポジションを持ちます。組織によってはRevOpsがCEOに直接レポートすることもあり、その構造は組織の規模や業界によってもそれぞれです。

次にRevOpsの組織構造を詳しく見てみましょう。先ほど本章の01節で、主な柱は4つあると紹介しました。RevOps担当にはこれらすべての知識が必要ですが、中にはテクノロジーやデータ分析など高度な専門知識を要するため、全員がすべてを担当

■ 図4-2：レベニューチームの組織図

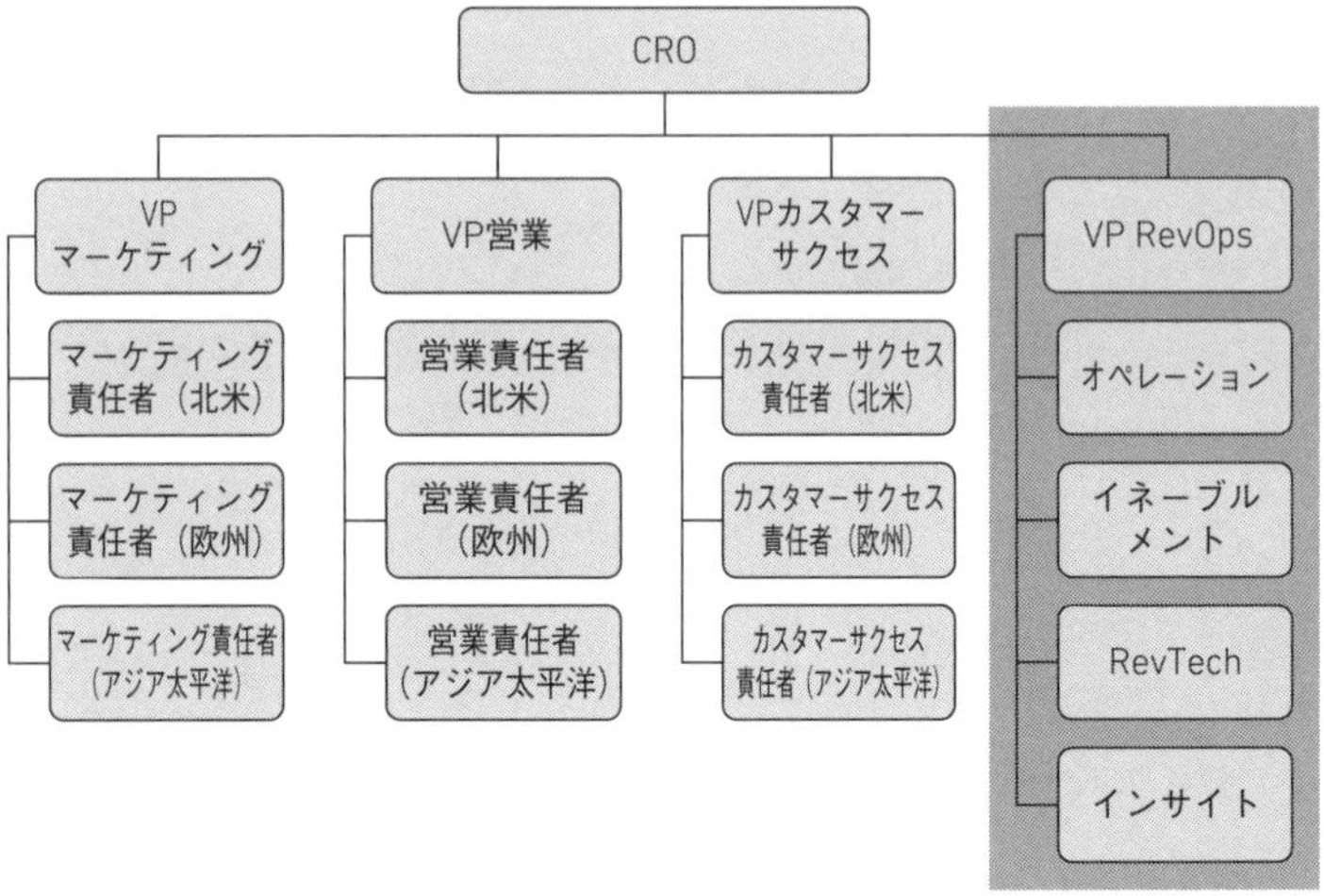

するのは現実的ではありません。**一般的にRevOps組織ではこれらの役割でチームに分けて組織を構成しています。**一般的なRevOpsチームの組織構造を拡大すると、図4-3のようになります。

大きなRevOps組織を持っている場合、これらに加えて戦略チームが追加されるケースもあります。これら全体をベースにCROや、レベニュー組織のリーダーが戦略などの重要決定を行います。一部の方はRevOpsが各部門のオペレーション（MOps, SalesOps, CSOps）をとって変えると認識されていますが、そうではありません。**各部門の役割が消滅するのではなく役割の統合と再定義であり、各部門の専門知識は依然として重要です。**あくまで各部門特有の

■ 図4-3：RevOpsの組織図

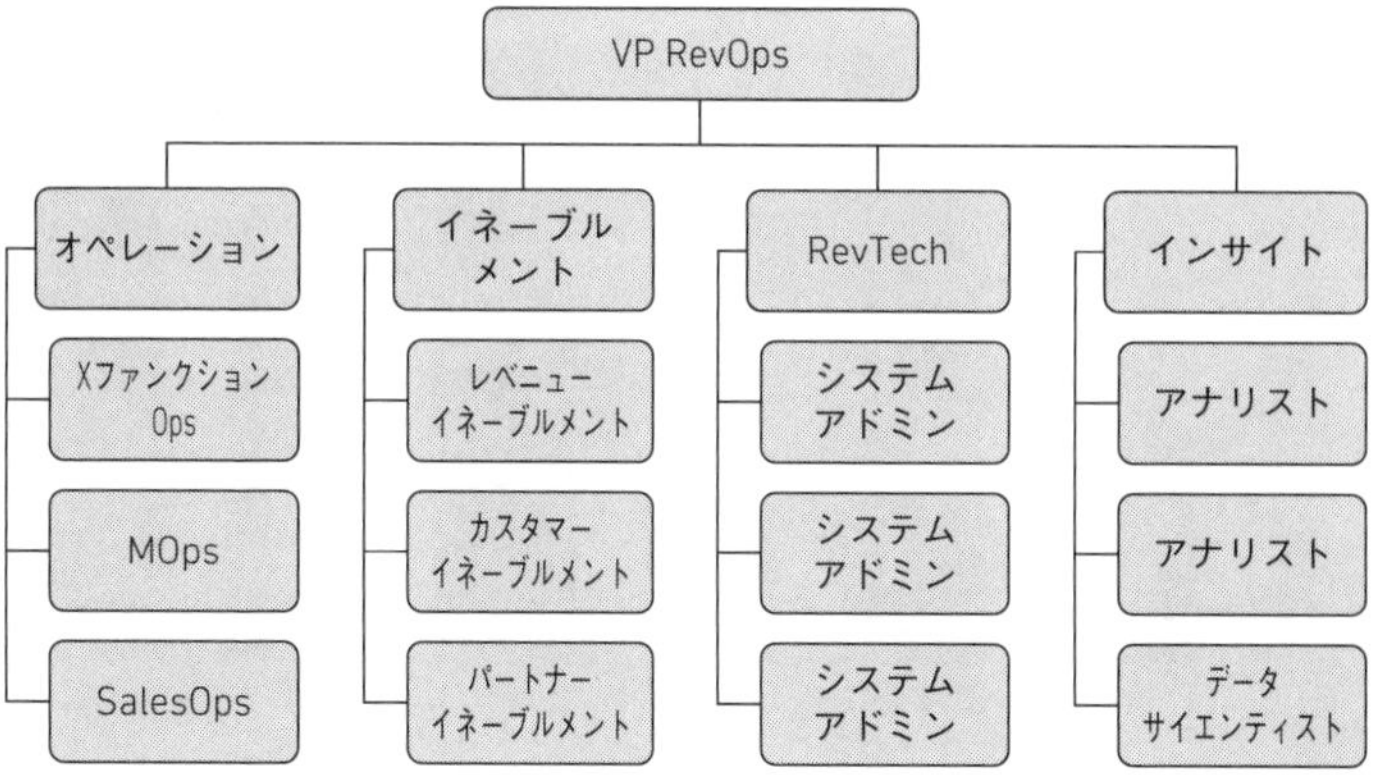

ニーズは各部門のオペレーションが担当し、それらを統合するのがRevOpsという位置付けです。レベニュー組織全体の効率性と収益性が向上し、各オペレーションの専門家にはまた新たなキャリアパスも広がるでしょう。

スモールチームにおけるRevOpsの構造

RevOpsは成熟した組織で運用されているように考える方も多いですが、スタートアップなどのスモールチームでも再現可能で予測可能なレベニュープロセスを構築することは大変重要です。

必ずしも従業員数とRevOpsに必要な人員数が比例するわけではありませんが、

■ 図4-4：専任のRevOpsと企業サイズ

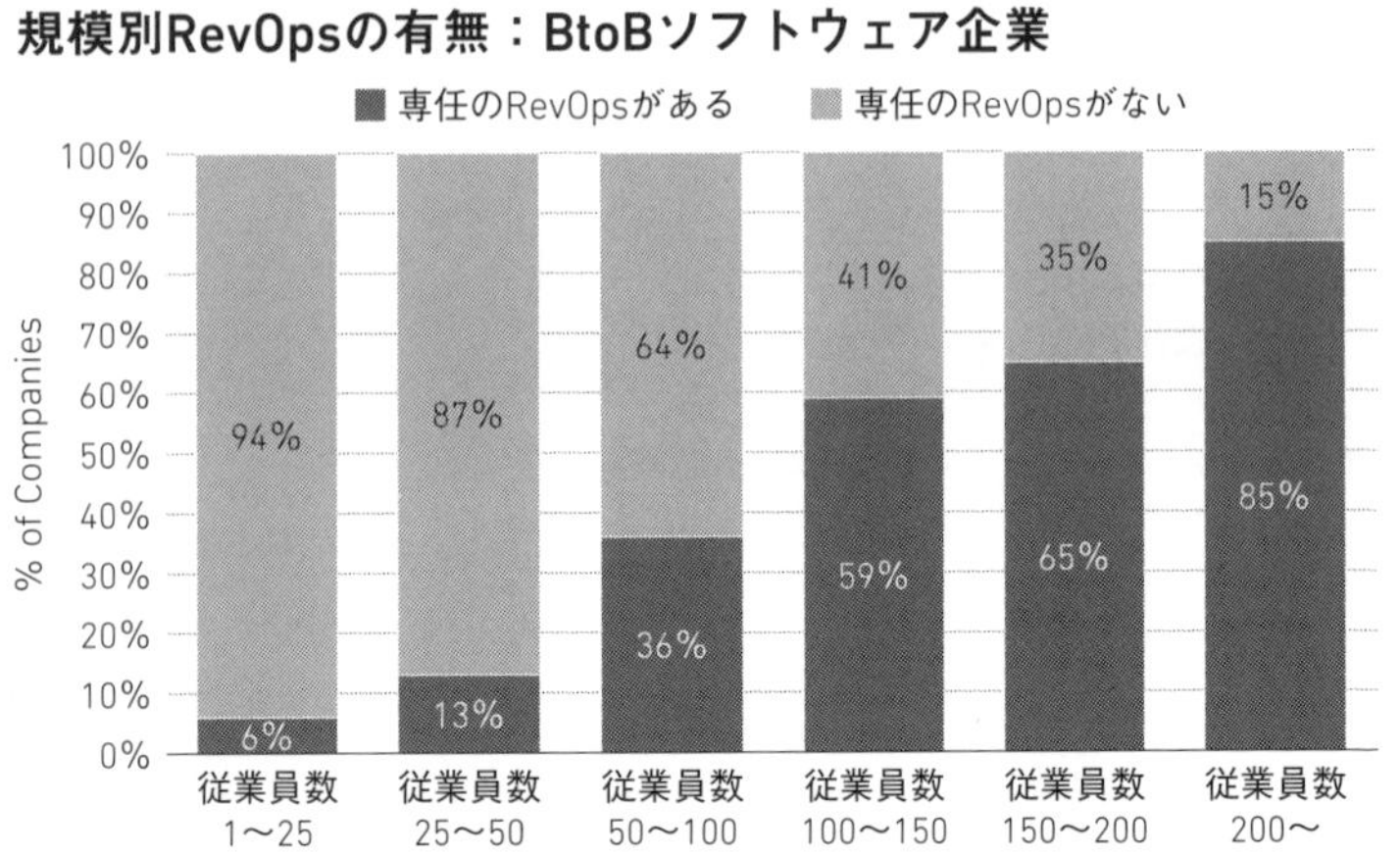

分析は、PerrSignal B2B Software Indexでトラックされている2500社のサンプルにもとづいています。このサンプルは、幅広い企業規模とサブ業界を代表するものです。

出所：PeerSignal「Rev Ops benchmarks」https://ck.peersignal.org/posts/rev-ops-benchmarks

PeerSignalが米国のB2Bソフトウェア会社2500社を対象に行った調査（図4-4）では、従業員数100～150名の企業では半数以上が専任のRevOps組織を持っており、数十名規模でも存在するケースも見られます。

とはいえ、数十名単位のスモールチームでは、RevOpsの専任部門を置くのは難しくなります。それでも全体最適のニーズが顕著にある場合にはRevOpsが置かれますが、運用者はせいぜい1人～数人といったところでしょう。

そういったケースでは多くの組織がRevOpsの機能の中でもRevTech担当、もしくはオペレーション担当を最初のRevOps人員として投入します。これらの

■ 図4-5：スモールチームのRevOps

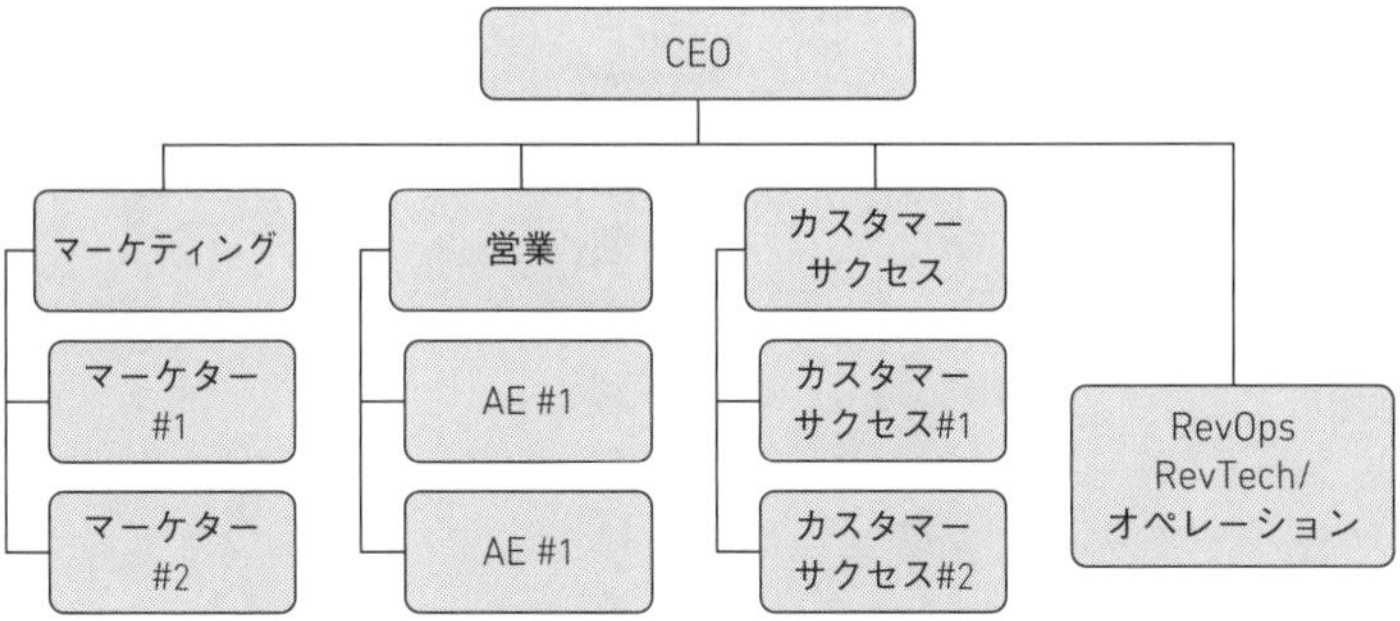

担当者はメンバーレベルで採用されることが多く、CROがいない場合に問題になるのは、誰にレポーティングするか、という点です。組織内において営業のパワーが強い場合は、営業に巻き込んでしまう、という選択肢をとる企業もありますが、RevOpsのレポーティングはどの部門にも公平で中立的である必要があるため、あまり理想的ではありません。

スモールチームでは図4-5のようにメンバーレベルであってもCレベルに直接レポートするような組織構造にすることで、組織の成長とともにRevOpsの専任組織を構築しやすくなります。

03

ガバナンスモデルの設計

プロセス、データ、テクノロジーを整えるガバナンスモデル

マーケティング、営業、カスタマーサクセスの部門を一気通貫で見て適切なデータを抽出するためには**データの提供源となる各テクノロジーツールの要件をそろえることが必要不可欠です**。RevOpsに限らず、一般的にオペレーション体制を整える際には集中管理、分散管理、ハイブリッドの3つのガバナンスモデルから自社の体制を決定します。ガバナンスモデルとはプロセス、データやテクノロジーの管理体制のことを指し、それぞれ異なるスタイルで管理します。それぞれ紹介しましょう。

❶集中管理（Centralized）

このモデルでは、1か所に集約されたオペレーションチームがすべてのプロセス、データ、テクノロジーの管理、加工、保管、運用を行います。統一された戦略とプロセスを実施しやすく、データの一貫性と精度を保ちやすかったり、素早い意思決定ができたりする一方で、各部門の独自性や柔軟性への対応難易度は高いほか、集中管理を担うチームへの負担も大きくなります。商材の幅が広かったり、グローバル企業でビジネスプロセスの異なるさまざまな地域に展開していたりする場合には難しい傾向にあります。

❷分散管理（Decentralized）

このモデルでは各部門、地域、事業部でそれぞれプロセス、データ、テクノロジーの管理、加工、保管、運用を行います。集中管理と反対に個別のニーズに細やかかつ素早く対応ができるものの、すべてにおいて標準化や合理化がされないため、重複したコストやデータクオリティの低下などが発生します。RevOpsの本質的なコンセプトを踏まえると、採用されることが極めて少ないガバナンスモデルです。

❸ハイブリッド（Hybrid）

このモデルでは、プロセス、データ、テクノロジーの管理、加工、保管、運用のうち主要な戦略やプロセスは中央に集約し、ニーズに沿ってその他の権限を各部門、地域、事業部に渡してハイブリッドに運用します。統一された戦略とプロセスを保ちながら各部門の柔軟性も確保でき、データの一貫性や部門間連携は維持可能である一方で、中央組織と個別事業または地域での線引きなどバランスをとるための調整や摩擦が生じないように意識の統合が課題となります。

各部門のオペレーション体制を整える際には、組織のニーズによって最適なガバナンスモデルを選択します。組織の体制や状況によって分散管理やハイブリッド管理をするケースもありますが、RevOpsはすべてを統括する役割である以上、集中管理体制が基本です。欧米でもほとんどが本社での完全な集中管理体制をとっています。今後も、柔軟性よりも統一されたブランドメッセージであることに厳格な企業、金融やヘルスケアなど特にデータの精度を重要視する企業、規模が小さく分散することが管理上コストである企業では、引き続き集中管理が妥当でしょう。一方で、コングロマリット企業のような戦略もセグメントも異なる事業の集合体である場合には、事業ごとの柔軟性がないと迅速なビジネス判断も難しいため、分散型が採用される可能性は高いです。また、大手企業で個別の調整に時間を要することが事業部のスピードに悪い影響を与える場合には、戦略やメッセージの統一性は集中管理しつつ、一部を事業部権限とするハイブリッド管理が採用される可能性もあります。しかし、**RevOpsのポイントは統合的に分析・管理することですので、本当に必要な分散なのかをしっかり考えたうえで体制を整えることが重要です。**

RevOpsの責任範囲やKPI、ガバナンスモデルが決まったらそれらをベースに指標に沿ったテクノロジーやデータ、プロセスを策定します。テクノロジースタックの構築の際はよくBest of BreedとBest of Suiteというアプローチが挙げられます。一言でいえば、それぞれの用途に最適なポイントソリューションを集めるか、それともクラウドスイートでテクノロジースタックを固めるか、ということですが、RevOpsの人員が少ない場合は自然とBest of Suiteを選択することになります。また人員も予算もある場合は前章で紹介したような、部署を横断したSSOTを構築するための基盤を整える大型プロジェクトを推進することもできます。**自社の体制や目標とする指標に適したテクノロジー体制を築くことが重要です。**

04 RevOps人材をどのように獲得する？

欧米におけるRevOpsの立ち上げとキャリアパス

RevOpsやレベニュー組織はボトムアップだけで実現できるものではありません。RevOpsの立ち上げを成功させるには経営層からの支持、そして、立ち上げ時にどの部門にも偏らない中立的な立場であることを明確化することが重要です。例えば営業部門を率いていた方がCROになると、どうしても特定部門へ偏りが生じてしまうだけではなく、社内からのイメージも「元営業の○○さんが率いているレベニューチーム」となってしまいがちです。そのため、**欧米の組織でも立ち上げ時にはレベニュー組織のリーダーシップを外部から採用するケースが多く見受けられます**。

リーダーシップが固まれば、次にRevOps部門の登用ですが、欧米では10年以上前から各部門のオペレーションの役割が明確に定義されておりその道のプロフェッショナルがすでに一定数存在したため、自然とMOps, SalesOps, CSOpsからRevOpsへキャリアアップするという流れが出来上がりました。

RevOpsは、ツールの所有やデータ管理だけではなく、レベニュープロセスの全体から得たインサイトを経営層に可視化するため、各部門でのオペレーション経験は大変役に立ちます。また、RevOpsでは各部門のオペレーションに比べ、より組織全体の収益性や生産性に責任を持ち、より複雑な戦略的思考が求められるため、キャリアパスとしても最適です。

第2章でも紹介した通り欧米ではRevOpsの責任者となった後にCROとなるケースが増加しています。RevOpsが責任を担うGTM戦略構築やRevTechの管理、ビジネスに直結する分析が組織に与える影響は大きく、事業に必要不可欠なパートナーとして評価されているのです。

日本におけるRevOps人材の確保

日本でもオペレーション部門を編成する企業は増えていますが、RevOpsのスキルを持った人材は限られており、人材の確保が大きな壁です。すでにオペレーション人材がいる場合はその方をRevOpsとして登用できますが、問題となるのがリーダーシップレイヤーの人材採用です。事業戦略の経験や、複数のレベニュー部門で管理職経験がある方を採用するのが理想的ですが、採用時に起業側も個人側も、レベニュー組織の立ち位置や責任範囲をしっかり明確化し、齟齬のないようにすることが重要です。

現在各部門のオペレーション担当もいない場合は、まず採用から始める、もしくは先にRevOpsを構築するという選択肢があります。どちらにしてもRevTechの管理はITや情報システム部で経験がある方を、オペレーションマネジメントにはプロジェクトマネジメントとマーケティング知識がある方や、営業経験とSFAに深い知見がある方、といったように必要なスキルに応じて他部門から人材を登用してくるのが現実的です。彼らがスペシャリストとしてキャリアを発展させることができるよう、キャリアパスをしっかり整備することも重要になります。

05 オンボーディングプログラムの開発

入社後3か月をめどに実施するべき項目

RevOps組織を発展させるためには、新しく入ったメンバーを効果的にオンボーディングする体制が必要です。中小企業、もしくはRevOps組織ができて間もない頃は、1人またはごく少人数でRevOpsを実践している、というケースも多いでしょう。明確なオンボーディング計画が整っていない場合は入社後3か月をめどに、次の項目をすべて網羅できるようオンボーディング計画を作成する、もしくはアクションを整理しましょう。

●既存のレベニュープロセスの理解

まずは既存のレベニュープロセスを理解しましょう。マーケティングから営業、そしてカスタマーサクセスへどのようにレベニュープロセスがつながれているのかを確認し、もし停滞していたり問題が生じたりしている場合はその原因を調べます。

●レベニュー組織全体のシステム監査

マーケティング、営業、カスタマーサクセスが使用しているシステムをすべて洗い出し、それらがどのように連携しているのか、また、組織の目標やテクノロジーに必要な要件などをもとに、ツールのアップグレードや新たなツールが必要かどうかを把握します。同時に機能が被っている、使用している従業員数は多いものの活用度が低いなど、非効率性がないかも確認します。最終的に自社のレベニュープロセスにおいてどうテクノロジースタックが働いているのか、図に表します。

●社内インタビュー

RevOpsの顧客は社内のフィールド部門です。つまり、レベニュープロセスの設計やツールの管理を通して、自社のマーケティング、営業、カスタマーサクセスが効率よく収益を最大化できることが最大のミッションになります。そのため社内のインタビューを実施し、彼らがRevOpsに何を期待しているか、特定のフィードバックはないかを聞いて意見を取り入れることも重要です。

●プレイブックの作成およびアップデート

レベニュー組織が持つ収益目標を達成するために重要な戦略戦術はもちろん、使っているシステムやインテグレーションの設定など、RevOpsの責任を果たすために重要な事項はすべてプレイブックとして文書化されています。担当者が少ない中、彼らの知識だけに頼ると属人的な運用となってしまいます。取り決めた内容が次の担当者にしっかり伝わるよう、RevOps業務の中枢となるプレイブックを変更事項があるたびにアップデートすることが重要です。まだ社内にプレイブックがない場合はこの作成を第一優先事項として取り組みましょう。

06 コミュニケーションプランの策定

複数部署を統合し、莫大な量のデータを扱うRevOpsでは、効果的なコミュニケーションが必要不可欠です。**RevOps構築時からコミュニケーション計画を設計し、計画しましょう**。効果的なコミュニケーション体制をとるには、以下3つのアプローチが必要です。

❶オープンで透明性のあるコミュニケーション文化の構築：チームメンバーから定期的なフィードバックを募り、オープンなコミュニケーション文化を育みましょう。SlackやTeamsなどのコミュニケーションツールを使っている場合は部門間のコミュニケーションチャネルをつくり、チームが意見を共有し、協力し合える場をつくります。

❷明確なコミュニケーションプロトコルの確立：混乱や不一致を避けるために、RevOpsにおける役割と責任を明確に定義します。コミュニケーションの頻度や応答時間のSLAを設定し、実態と期待値に差が生じないようにしましょう。必要な場合はコミュニケーションテンプレートを標準化して、一貫性を持たせます。

❸トレーニングとツール：テクニカルなスキルのトレーニングを行うのと同じように、情報を明確かつ簡潔に伝えるためのトレーニングを実施します。効果的なコミュニケーションのトレーニングやそれを後押しするようなツールの活用も検討します。CRMなどのシステムとプロジェクト管理ツールを統合した中央集約型のコミュニケーションプラットフォームを導入し、シームレスな顧客データへのアクセスと進捗のトラッキングを実現したり、他部署への情報共有のために社内Wikiツールを使用したりニュースレターを送信したりします。自社に適切なものを選択しましょう。

RevOpsの取り組みは組織改革であり、設立は一朝一夕にはいきません。レベニュー組織の持続的な収益成長を支援できるRevOpsを組成するためには、押さえるべきポイントを理解したうえで、漸進的な取り組みになるように進めていくことが重要です。

インタビュー

チェンジマネジメントで効果的なカスタマーサクセス戦略とオペレーションを実現

――シーメンス　ギソ・ヴァン・デル・ハイデ

ギソ・ヴァン・デル・ハイデ

カスタマーサクセスオペレーションおよび戦略シニアマネージャー

システムエンジニアリング修士号を取得後、機械設計、プロダクトライフサイクル管理、イノベーション管理、成果戦略、カスタマーサクセスなどのキャリアを積む。2016年にはリカーリングビジネスへの転換期だったオートデスク（ADSK）よりヘッドハントされ、カスタマーサクセス改革を推進。2021年にシーメンスに戻り、自らカスタマーサクセス組織を立ち上げ、データ分析などのカスタマーサクセスプロセスの標準化と定義づけを担当している。

■リカーリングビジネスモデルへの変革期におけるカスタマーサクセスチームの立ち上げ

シーメンスは歴史も長く伝統的かつ、たくさんの製品とソリューションを抱えた複雑な大企業です。デジタル化の流れの中で、今後も競合優位性を保つためにはこれまでは異なるビジネスモデルやサービス提供体系が必要と考え、デジタルインダストリーソフトウェア（DISW）部門で、リカーリングモデル※への移行を進めています。

現在DISWのすべての機能をSaaSビジネスとして1つの新しいプロセスに統合することに取り組んでいます。

入社時に私が強調したのは**戦略とオペレーションを担う組織（ST&Ops）を新設し、集中管理でカスタマーサクセスを推進していくことです**。戦略はリーダーシップチームによって設定されますが、それをどのように実践とオペレーションに落とし込むのかを考えなければ机上の空論で終わってしまいます。私たちの役割は会社のハイレベルな目標やビジョン、ミッションをカスタマーサクセス組織に適した形で翻訳し、カスタマーサクセスに具体的な指針を提供することです。これによりCSMたちは今後の方向性や期待される目標を理解し、何を優先すべきかを把握できます。戦略とオペレーションはどちらも実現可能な形に落とし込むことが必要不可欠です。ST&Opsができてからまだ2年ほどですが、社内でもオペレーションにおける戦略の重要性が認識され始めています。

※定期的に収益が発生するビジネスモデルを指す。サブスクリプション型サービス、定期購入、メンバーシッププログラムなどがリカーリングビジネスに該当する

■チェンジマネジメントが成功の鍵

このような大きな組織改革を行うにはチェンジマネジメントが必要不可欠です。チェンジマネジメントとは、組織の変革を成功裏に実現するための計画的なプロセスや方法のことを指します。変化に対する抵抗を最小限に抑え、組織全体が新しい状況にスムーズに移行できるようにします。チェンジマネジメントは紙の上では簡単に見えますが、実際には難しく複雑です。

シーメンスではアジア、ヨーロッパ、アメリカなどの多様な文化背景を持つエンジニアたちを抱えています。若い世代は適応が早いですが、特にベテランエンジニアには新しいリカーリングビジネスモデルへの移行の必要性を理解させるのが大変困難でした。

ここまでうまく推進できたのはストーリーテリングをしっかりしたことが要因だと思います。どんな立場にいても変化は怖いものです。具体的な事例とともに適切なメッセージを伝え、変化がどれほど重要であるかを証明することが求められます。一部の経営層は推進に賛成でしたが、そのほかの経営層に対しても繰り返しその重要性を説明し、ワークショップを行い、現場からのフィードバックを取り入れて徐々に理解と支持を得られました。

チェンジマネジメントは、理論を実践に移し、具体的な成果を示すことが求められます。収益上の効果はもちろん、顧客の成果を示すことが重要です。顧客が価値を得なければ、すぐに解約されてしまいます。リカーリングビジネスにおいては人間関係の構築も大切で、信頼関係を築きながら進めていく必要があります。経営層の推進、新しいKPI、そしてチームの協力が不可欠です。最終的には、組織全体の変革を目指し、継続的な成長と成功を目指します。経営層には変化の必要性を理解し、推進することが求められているのです。

■ カスタマーサクセス戦略およびオペレーションチームの役割

シーメンスのカスタマーサクセスでは現在約32名のCSMと数名のディレクターを抱えており、少数のカスタマーサクセスの戦略チームとオペレーションチームで彼らをサポートしています。お客さまは設計・開発・製造の複雑なプロセスに関わっているため、さまざまなシーンに対応していく必要があります。

■ シーメンスにおけるカスタマーサクセス戦略・オペレーションチームの役割

戦略	標準化	CSチーム計画	CSOps計画	プロセス実行	ツール管理	オペレーション
戦略的イニシアチブの管理	プレイブックと成果物の開発	CSMソーシング	CSOpsのオンボーディング	リニューアルリスク管理	SFDCの変更管理	データ衛生管理
新製品のSaaSガバナンス	トレーニングとオンボーディング	キャリアパスの整備	キャリアパス開発	カスタマーリスニング	WalkMe管理	セグメンテーション分析
セグメンテーション	知識トランスファー	ヘッドカウント計画	CSOpsの雇用	タスクの自動化	ツールと成果物の導入	情報管理
プログラムマネジメント	ポリシーとコンプライアンス	インセンティブと報酬計画		アドボカシープログラム	アプリケーションの統合	カスタマーヘルスチェック
CSアドボカシー	CSフレームワーク開発と導入			顧客のマイルストーントラッキング		CSパフォーマンスのレポート

戦略チームとオペレーションチームが戦略計画と標準化に注力し、顧客セグメンテーションやプログラムマネジメントを行います。私たちが担っている役割は大変幅広いですが、上図のように大きく7つに分けられます。

標準化の柱の下にCSフレームワークを開発し、そのサブエリアの中で主要なものとしてアダプション計画（製品・サービスの利活用を定着させるための支援計画）に焦点を当てています。顧客とのエンゲージメントに使用できる60以上のアダプション戦術を用意し、CSMがアダプションキャンペーンを効果的に実行し、顧客へのメッセージとステークホルダー関係を強化し、ソフトウェアの効果的な活用を支援しています。

グローバルにサポートする小規模で集中化されたST&Opsチームを持っていますが、今後カスタマーサクセスチームの価値をさらに高めるためにチームを拡大したいと考えています。

■レベニューチームとの連携

先述した通り当社では約8か月前からグローバル規模で共通のプロセスの定着に取り組んでいます。この新しいGTM戦略プロセス（GTM戦略実行の具体的な手順）はクラウドへの移行を目的とした新しいプロセスで、顧客を中心に置き、バリューデザイン、顧客の成果、カスタマーアドボカシー※やカスタマーサクセスマネジメントなどの役割を明確に定義しています。

これにより、プロセスの調整や新しい役割の創出が進み、チーム全体が一体となって顧客体験、サービス、そして透明性を提供できるようになります。また、既存顧客に対してはカスタマーサクセスマーケティングへのシフトも進行中で、すべての収益プロセスを統合し更新やクロスセル、アップセルのフォーキャストをより正確に行い、レベニュー組織が効果的に機能するようになりました。

※顧客のニーズや要望を深く理解し満足度を最大化するために、顧客の声を積極的に取り入れ、企業活動に反映させることを目的とした戦略や取り組みを指す

■ 今後の展望

私は企業のすべての部門が顧客中心アプローチに沿って統合されるべきだと考えています。組織全体の目標としては顧客を中心において、カスタマーアドボカシー部門を設立し、マーケティングと協力して顧客の成功事例を共有し、共同開発やマーケティング活動を推進したいと思っています。

また、最高顧客責任者（ＣＣＯ）のような役割を置き、企業全体が顧客の成功を目指す文化を育むことにも取り組む予定です。何よりも顧客と接するすべての部門が顧客を中心に据えて、信頼関係を築くことで企業の成長につなげることが重要だと思います。そして、ＣＳＭを増やしていくと同時に戦略チームとオペレーションチームのケイパビリティを伸ばしていくこと、そしてそのうえでＡＩやテクノロジーの活用も視野に効率性を上げていきます。これらの取り組みはまだ始まったばかりですが、今後の成長がとても楽しみです。

第 5 章

データドリブンな意思決定プロセスを構築する

01 うまくいかないデータドリブンな意思決定

データドリブンを阻害する要因

データドリブンとは、データにもとづいて意思決定を行うアプローチであり、企業や組織が感覚や経験ではなく、具体的なデータや分析結果にもとづいて判断を下すことを意味します。**ビジネスのさまざまな側面で精度の高い意思決定を可能にし、結果として業績向上やリスクの軽減を図ることができます。**多くの企業ですでに戦略的に重要であることが認識されている一方で、具体的な実現性がないケースも多いのが実態です。多くの企業が採用しようとしているものの、どのような要因で成功に至ることができないのでしょうか。一般的な問題として、次のようなものがあります。

●データの品質と一貫性の問題

データの重複や統合されておらず断片的で不完全な場合には、信頼性が低くデータ活用はできません。

●組織文化の問題

データをもとに意思決定する文化がなかったり、社員が新しいテクノロジーやデータ分析に対して抵抗を示していたりし、意思決定方法やプロセス変革にハードルが出てしまいます。

●技術的な問題

適切なテクノロジー環境が整っておらず、データのセキュリティやプライバシーの問題を解決できていない場合、データドリブンな戦略は遅れをとることになります。

●人材とスキルの問題

データ分析を行うためのスキルや知識を持った人材がいなかったり、トレーニングなどの教育プログラムが欠如していたりすると、基本的なデータ分析スキルがないためデータ活用に至りません。

これらの要因に対処するためには、まず企業全体でデータドリブンな文化を醸成し、適切なツールとインフラを導入することが求められます。また、データリテラシーを向上させるための教育プログラムを導入し、組織全体でデータの重要性を理解することが重要です。経営陣のリーダーシップと支援が不可欠であり、全社員が一丸となってデータドリブンな戦略を推進する体制を整える必要があります。

競争力を高めるデータドリブン

データドリブンな意思決定のもたらすビジネス効果はさまざまあります。主観やバイアスに左右されにくく、客観的かつ論理的な判断を可能にします。これにより戦略の精度が向上し、競争優位性を確保できます。また、顧客データを分析することで顧客のニーズや行動パターンを深く理解でき、顧客満足度を向上に繋げることが可能です。さらにデータ分析を活用して業務プロセスを最適化することで、効率化が進みコスト削減を実現できます。無駄を排除し、リソースの有効活用が可能となります。そして、データドリブンなアプローチは潜在的なリスクを早期に発見し、適切な対策を講じることを可能にするため事前に問題を防げ、安定した経営を維持できます。

データドリブンな文化を組織全体に浸透させるためには、人材育成は必要ですが、経営陣やリーダーシップチームがデータドリブンの重要性を認識し、積極的にサポートすることが必要です。データドリブンなアプローチは、現代のビジネス環境において不可欠な要素です。適切に導入し、実践することで、企業は競争力を高め、持続的な成長を実現できます。

02 レベニュープロセスと見るべき指標

レベニュープロセス

レベニュープロセスとは、顧客と接点を得て、初めての取引までのデマンドジェネレーションプロセス、そしてその取引を拡大させるアップ・クロスセルのプロセスなど、レベニュー組織が収益につなげる各プロセスをいいます。

このプロセスの中で、マーケティングのタッチポイント効果分析、営業のパイプライン分析、カスタマーサクセスのチェックインプロセスの分析という形でドリルダウンして、各効果を詳細に分析できるような状態がつくられることを目指します。ただし、図5-1をご覧いただくとわかる通り、局所的なデータをトラッキングするだけ

■ 図5-1：タッチポイントとレベニュープロセス

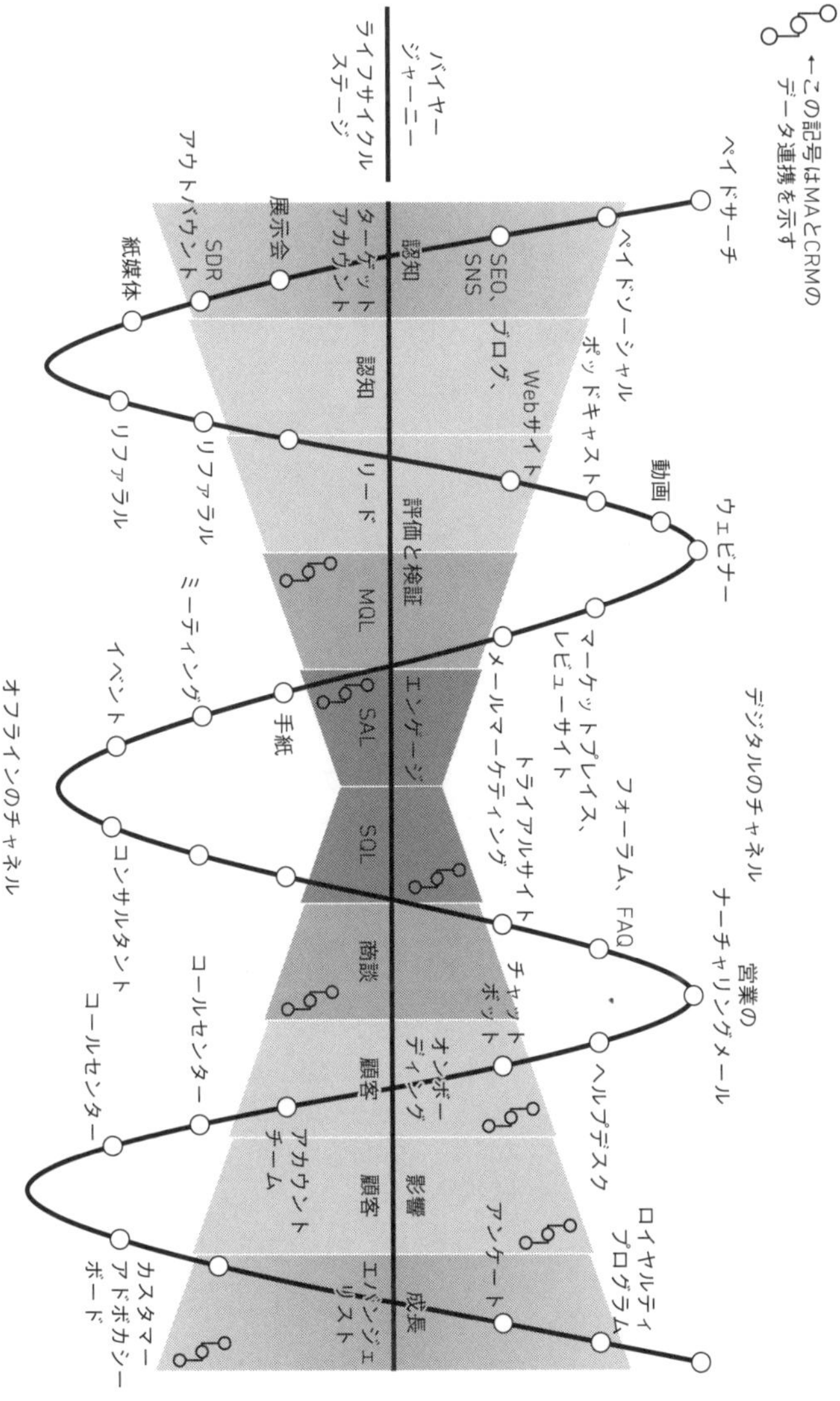

では全体感の把握はできません。**ミクロ視点でのデータ把握ではなく、レベニュープロセスの循環を改善するために全体感を踏まえて意思決定していくことが必要です。**

この状態がつくられていることで、まず収益に影響のある課題のプロセスや、成長余地の高いプロセスの可視化ができ、そこから原因分析につなげていくことができます。

RevOpsが見ていくデータ

第4章でRevOpsによってMOps, SalesOps, CSOpsが消滅するわけではないと紹介しました。それではRevOpsおよび各オペレーション部門がどのような指標を見ていくのか紹介します。

● RevOps

RevOps はマーケティング、営業、カスタマーサクセスを統合し、全体の収益性を最大化することを目指します。そのため、次の指標をトラッキングします。

❶**総売上（Total Revenue）**：企業全体のレベニューを測定する
❷**顧客獲得コスト（Customer Acquisition Cost, CAC）**：新しい顧客を獲得するためにかかる平均コスト
❸**ライフタイムバリュー（Customer Lifetime Value, CLTV）**：1人の顧客から生涯にわたって得られる平均収益
❹**売上成長率（Revenue Growth Rate）**：特定の期間における収益の増加率
❺**マーケティング効率比（Marketing Efficiency Ratio, MER）**：獲得した新規収益に対するマーケティング費用の比率
❻**セールスサイクルの長さ（Sales Cycle Length）**：リードが最初に接触してから契約が成立するまでの平均期間
❼**クロスセル・アップセル率（Cross-Sell and Upsell Rate）**：既存の顧客に対する追加販売や上位製品の販売率
❽**チャーン率（Churn Rate）**：一定期間内に契約を解約する顧客の割合

• MOps

MOpsはマーケティング活動の効果と効率を測定するため、次の指標などをトラッ

キングします。

❶リードジェネレーション（Lead Generation）：獲得したリードの数と質

❷リードコンバージョン率（Lead Conversion Rate）：リードが実際に顧客になる割合

❸マーケティングROI（Return on Investment）：マーケティング活動に対する投資収益率

❹マーケティング貢献割合（Marketing Influence）：商談や受注に対するマーケティング貢献の割合

❺Webサイトトラフィック（Website Traffic）：Webサイトへの訪問者数

❻エンゲージメント率（Engagement Rate）：コンテンツやキャンペーンに対するオーディエンスの反応

❼キャンペーン効果（Campaign Effectiveness）：各キャンペーンの成功度を示す指標（例：クリック率、開封率、コンバージョン率）

●SalesOps

SalesOps はセールスプロセスの効率化とパフォーマンス向上を目指し、次の指標をトラッキングします。

❶**セールスパイプラインの価値**（Sales Pipeline Value）：現在のセールスパイプラインにある全ての商談の合計価値

❷**パイプラインのカバレッジ**（Sales Pipeline Coverage）：目標に対するパイプラインの割合

❸**パイプライン進行率**（Pipeline Velocity）：セールスパイプラインがどれくらい早く進むかを示す指標

❹**フォーキャスト精度**（Forecast Accuracy）：収益予測の精度を測定し、予算策定や戦略計画の信頼性を評価するための指標

❺**目標達成率**（Quota Attainment）：営業が設定された目標を達成する割合

❻**受注率**（Win Rate）：提案した商談のうち、成約に至った割合

❼**営業活動量**（Sales Activity Volume）：コール数、ミーティング数、デモ実施数などの営業活動量

❽**成約までのリードタイム**（Lead Time to Close）：リードがセールスファネルを通過するのにかかる時間

- **CSOps**

CSOps は顧客満足度と維持率の向上を目指し、次の指標をトラッキングします。

❶**顧客満足度**（Customer Satisfaction, CSAT）：顧客の満足度を測る指標
❷**ネットプロモータースコア**（Net Promoter Score, NPS）：顧客がどれだけその企業を他人に推薦するかの指標
❸**リテンション率**（Retention Rate）：顧客が契約を継続する割合
❹**拡張レート**（Expansion Rate）：既存顧客が新しい製品やサービスを追加購入する割合
❺**サポートチケットの解決時間**（Support Ticket Resolution Time）：顧客サポートチケットが解決されるまでの平均時間
❻**顧客健全度スコア**（Customer Health Score）：顧客がどれだけ企業のサービスを活用しているかを示す総合指標

各プロセスとフローの評価と改善

レベニュープロセスを評価する際には、「各プロセスのフローとバランス」「プロセスとプロセス間のコンバージョン率（転換率）」「プロセス間の遷移時間」をトラッキングします。

■各プロセスのフローとバランス

各プロセスのフローは、プロセスを通過したリードや商談の総数です。例えば、3人のリードのうち、1人のリードがプロセスの前から後ろに進んだ場合、前のプロセスのフローは3に、後ろのプロセスのフローは1です。フローは全体の流れをつかむうえで重要な数字で、バランス（残高）はボトルネックを発見したり、今後の活用可能なリードアセットを把握したりするために利用します。バランスは、現在各プロセスにどれだけのリードや企業が滞在しているか？ということを把握する指標です。例えば、先ほどのフローとは異なり、3人のリードのうち、1人のリードがプロセスの前から後ろに進んだ場合、前のプロセスのバランスは2に、後ろのプロセスのフローは1になります。一時期にこのバランスが異常に増加してしまったプロセスがあると、そこでは何らかのボトルネックが発生しているということが理解でき、そのボトルネックの分析に活用できます。

■プロセスとプロセス間のコンバージョン率（転換率）

プロセス間のコンバージョン率を測定することで、全体のプロセスが望ましい形で推移ししているかどうか、モニタリングします。マーケティングチームの獲得したリードの品質が低ければ、セールスプロセスへ引き渡されるコンバージョン率は低くなるでしょうし、一方でマーケティングチームのリードの品質が高かったとしても、営業のキャパシティが十分でないため商談につながらないというケースもあるでしょう。コンバージョン率をしっかりとモニタリングすることで、改善余地のあるエリアを可視化できます。

■プロセス間の遷移時間

最後に、プロセス間の遷移時間です。例えば、マーケティングがリードを獲得してから何ヶ月程度で売上に変わるのか、営業が商談を作成してから何日程度で受注に至るのか、といったデータです。これらの時間経過のデータは目標達成に向けて、逆算しながらシミュレーションをする際には必須です。リードから受注までの期間が6ヶ月程度の場合、最低でも何月までには何件程度の有望なリードを獲得する必要がある、と把握しておかなければなりません。この時間を無視して、レベニューのフォーキャストを立てたりプロセスの最適化をしたりすることは困難です。

各プロセスでわずか1%でも改善を続けることで得られる効果

これらの改善策を進めても完全にボトルネックがなくなることはありません。レベニュープロセスの改善は終わることのない活動です。しかしこの改善プロセスを少し行っただけで、「効果が出ない、昔のほうが良い」と安易に結論を出してしまう方が多いと感じます。**これらの活動は継続的に行うことが何よりも重要なのです。**各プロセスを毎年1%ずつ改善していくだけでも、売上を大きく伸ばせます。

これらのプロセスは日本企業が製造の世界で緻密に行ってきた生産マネジメントやモノづくりのプロセスマネジメントが源流になった考え方です。この改善に終わりがないことをモノづくりの世界で日本は最も知っているはずなのですが、営業やマーケティングの世界では、ホームランのような当たり施策をどう出せるか、ということに頼る傾向が強いように感じます。課題を可視化、分析、改善する。日本人の才能を活かして、マーケティング・営業を世界でもトップクラスに押し上げていけるポテンシャルがあると著者は考えています。

03

ケーススタディ

ブラックボックスなプロセス管理からの脱却

レベニュープロセスを一貫してマネジメントするためには部門間連携は必須です。RevOpsはこれらのレベニュー組織のプロセスやデータの統合を進めるうえでリーダーシップを発揮し、CROとともにレベニュープロセスマネジメントの構築を進めます。これらがサイロになっている場合、各部門がそれぞれの判断で意思決定を進めるため、先ほど述べたような改善方針は出せません。

図5-2のように後工程のプロセスがブラックボックスな状態で、意思決定することがいかに難しいか、そしてレベニュー組織内に新たな問題を引き起こす可能性があ

■ 図5-2：ブラックボックス化するレベニュープロセスのリスク

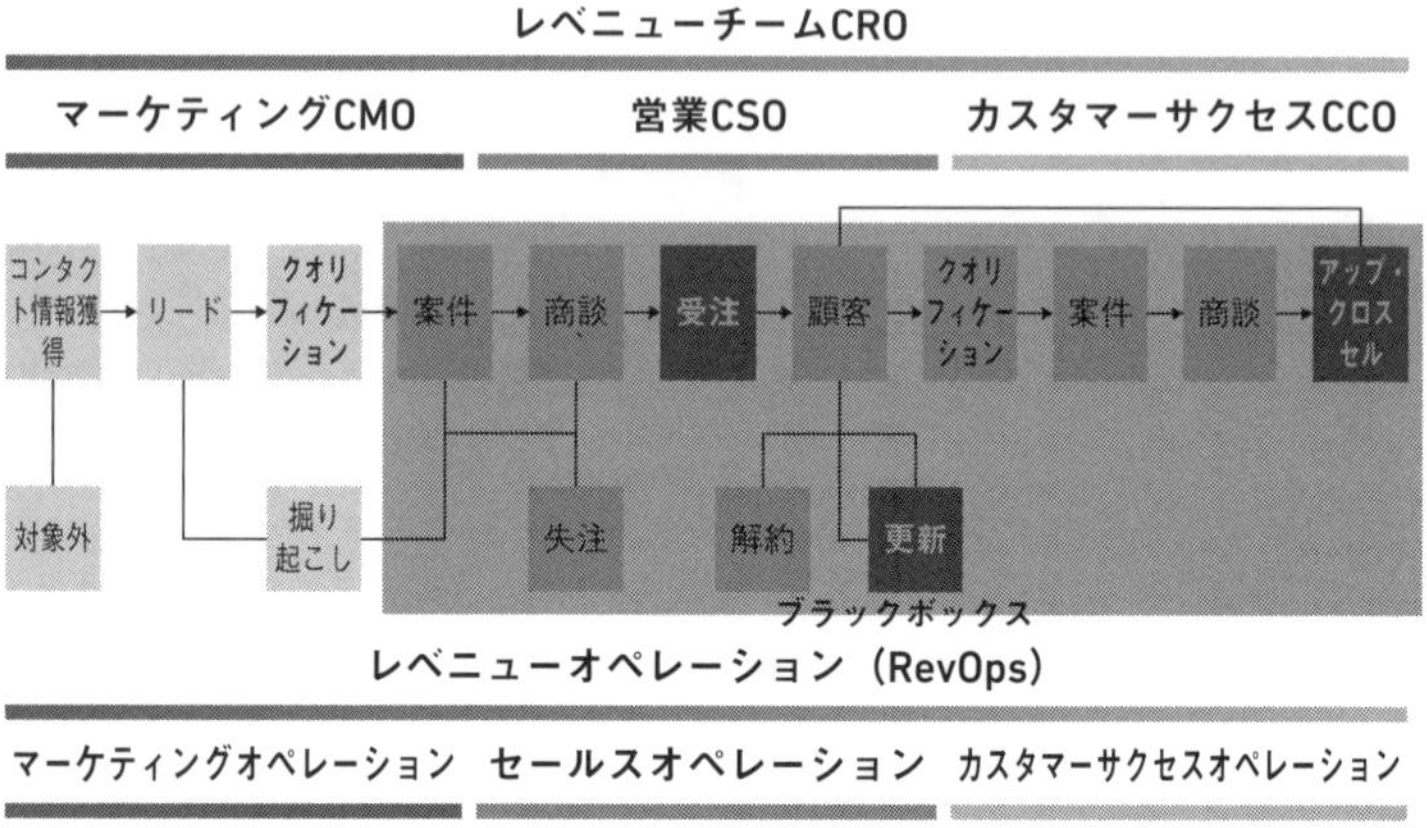

ることを理解できると思います。この問題を解決するためには、やはりレベニュープロセスの統合を推進する必要があります。

　それでは、レベニュー組織や全体においてどのようなデータドリブンな活動を実践しているかサンプルケースを紹介します。

ケーススタディ1｜カスタマーサクセスにおけるヘルススコアの活用

●クラウドベースのソリューションを提供するA社

　カスタマーサクセス部門が顧客のエンゲージメントを強化し、顧客の解約を防ぐためにヘルススコアを活用することを目指していました。しかし、顧客の利用状況や満足度をリアルタイムで把握し、適切なタイミングでサポートを提供するのが難しいという課題がありました。

まず、顧客の利用状況、サポートリクエスト、NPSフィードバックなどのデータを基に、顧客の健康状態を数値化するヘルススコアを算出しました。これにより、顧客の状態を可視化し、リアルタイムで把握できるようになります。

次に、ヘルススコアが低下している顧客に対しては、カスタマーサクセスがプロアクティブにサポートを提供しました。具体的には、追加のトレーニングやコンサルティングサービスを提供し、顧客の問題を早期に解決しました。これにより、顧客の不満や課題を未然に防げました。加えて、管理画面上でのプッシュメッセージでのナビゲーションを活用し、人力と自動化を適切に棲み分けて実施しました。

さらに、ヘルススコアが高い顧客に対しては、定期的なエンゲージメント活動を行いました。これには、さらなる利用促進や追加サービスの提案が含まれ、顧客のロイヤルティを高める取り組みが行われました。また、満足度が高い顧客には、ケーススタディやマーケティングキャンペーンの協力を依頼し、企業全体の認知度向上にも寄与しました。

これらのアプローチの結果、A社は次の成果を達成しました。

■ 図5-3：ケーススタディ1　カスタマーサクセスにおけるヘルススコアの活用

A社	クラウドベースのソリューション ベンダー
目的	ヘルススコアを活用した解約防止
課題	リアルタイムな状況把握と適切な顧客接点

アプローチ	結果
1.ヘルススコアの導入 2.プロアクティブなサポート 3.エンゲージメント強化	•エンゲージメントスコア25%向上 •解約率30%減少 •追加販売15%増加

- **顧客エンゲージメントスコアが25%向上**
- **解約率が30%減少**
- **追加サービスの販売が15%増加**

ヘルススコアを活用してカスタマーサクセスの効果を大幅に向上させ、顧客満足度とビジネスの成長を実現したケースです。

ケーススタディ2 ― 営業におけるフォーキャストの活用

●ハードウェアを製造販売するB社

営業部門がデータドリブンなアプローチを活用してフォーキャストを実施し、それにもとづいて経営の戦略的な意思決定を支援することを目指していました。しかし、現状のフォーキャストの精度が低く、リソースの配分や目標設定に課題がありました。このため、営業チームのパフォーマンスが不安定で、経営陣が正確な戦略を立てるのが困難でした。

まず、さまざまなデータソースから情報を収集し、それらを一元管理しました。具体的には、CRMや営業活動ログ、メール履歴、商談メンテナンスログ、マーケットトレンドデータなどを統合し、過去の売上データや営業活動データをまとめました。

次に、データサイエンス部門が収集したデータを基に機械学習モデルを構築しました。時系列分析や回帰分析を用いて、過去のデータパターンを学習し、将来の売上を予測するモデルを開発しました。これにより、B社はより正確な売上予測を行うことが可能となりました。

さらに、営業部門は予測モデルを活用してリアルタイムでフォーキャストを行い、営業活動の最適化を図りました。例えば、季節変動やマーケットトレンドにもとづく予測を活用し、営業活動のタイミングやリソースの配分を調整しました。これにより、営業活動の効果が最大化されました。

最後に、予測結果を視覚的に表示するダッシュボードを設計しました。このダッシュボードにより、経営陣や営業部門はリアルタイムで予測データを確認でき、データにもとづいた迅速な意思決定が可能となりました。

■ 図5-4：ケーススタディ2　営業における フォーキャストの活用

B社	ハードウェア製造販売
目的	フォーキャスト精度向上による戦略的意思決定スピード向上
課題	営業パフォーマンスが不安定でフォーキャスト精度が低い

アプローチ	結果
1.データ収集と統合 2.予測モデルの構築 3.リアルタイムフォーキャスト 4.ダッシュボードの活用	•フォーキャスト精度65%向上 •営業効率25%改善 •経営意思決定スピード向上

これらのアプローチの結果、B社は以下の成果を達成しました。

- **フォーキャストの精度が65%向上**
- **リソースの最適配分が実現し、営業活動の効率が25%向上**
- **戦略的な意思決定の質が向上し、経営陣のより正確な戦略立案が可能になった**

データドリブンなアプローチを用いてフォーキャスト精度を高め、営業部門のパフォーマンスや経営判断の精度と速度を向上させたケースです。

ケーススタディ3――インサイドセールスにおけるリードスコアリングと優先順位づけの活用

●ITソリューションを販売するC社

インサイドセールス部門がリードスコアリングと優先順位づけを活用して効率的にリードを管理し、営業パフォーマンスを向上させることを目指していました。しかし、多くのリードが存在する中で、どのリードが最も価値が高く、優先的にアプローチすべきかを特定するのが困難という課題がありました。

まず、リードの行動データ（Webサイトの訪問回数、メールの開封率、コンテンツダウンロードなど）および属性データ（会社規模、業界、役職など）を基にリードスコアリングモデルを構築しました。これにより、各リードに対してスコアを割り当て、リードの価値を数値化しました。リードスコアリングにより、リードの潜在的な価値を明確にできました。

次に、インサイドセールス部門はリードスコアを基にリードの優先順位を設定しました。スコアの高いリードを優先的にフォローアップし、購買意欲の高いリードに対して迅速にアプローチを行いました。この優先順位づけにより、リード管理が効率化

■ 図5-5：ケーススタディ3　インサイドセールスにおける リードスコアリングと優先順位づけの活用

C社	ITソリューション販売
目的	効率的なリード管理と営業効率の向上
課題	膨大なリードの優先順位付けが困難
アプローチ	結果
1.リードスコアリングの導入 2.データ分析と優先順位付け 3.アプローチのパーソナライズ	•リードコンバージョン率40%改善 •インサイドセールスの生産性25%向上 •商談受注率30%向上

され、重要なリードに対して適切なタイミングで対応できました。

さらに、優先順位づけされたリードに対して、リードの関心や行動にもとづいたパーソナライズしたアプローチを実施しました。具体的には、リードが関心を示している製品やサービスに焦点を当てた提案を行い、リードとの関係を強化しました。パーソナライズされたアプローチにより、リードに対する提案がより魅力的なものとなり、リードとのエンゲージメントが向上しました。この取り組みによって、リードは自身のニーズに合った情報をタイムリーに受け取ることができ、購買意欲が高まりました。

これらのアプローチの結果、C社は次の成果を達成しました。

●リードコンバージョン率が40％向上

- **フォローアップの効率が向上し、インサイドセールスチームの生産性が25％向上**
- **営業パイプラインの質が向上し、商談受注率が30％増加**

リードスコアリングと優先順位づけを通じて、インサイドセールスのリードマネジメントの効率化と営業パフォーマンスの向上を実現した営業戦略においてデータドリブンなアプローチが重要な役割を果たしたケースです。

ケーススタディ4──データを用いたボトルネックの発見と組織的改善

- **人材サービスの中堅企業D社**

近年売上成長が停滞していることを認識した同社はレベニュープロセス全体のボトルネックを特定し、組織的に改善することを目指しました。売上成長の停滞を招いている要因を特定するために、レベニュープロセス全体を見直す必要がありました。特に、マーケティング、インサイドセールス、営業、カスタマーサクセスの各部門間の連携が課題となっていました。

まず、各部門からのデータを集約するためのデータウェアハウスを構築しました。

これにより、マーケティングのリードジェネレーションデータ、インサイドセールスのリードコンタクトデータ、営業の商談データ、カスタマーサクセスの顧客満足度データを一元管理しました。このデータ収集と統合により、全体像を把握する基盤が整いました。

次に、データサイエンスチームが統合データを分析し、レベニュープロセス全体のフローを可視化しました。特に、リードの獲得から商談成立、顧客維持までの各段階の転換率とタイムラグを評価しました。その結果、以下のボトルネックが特定されました。

- **マーケティングとインサイドセールスの間**：リードがインサイドセールスチームに引き渡される際に、対応の遅れが発生していた
- **インサイドセールスと営業の間**：リードが適切にフォローアップされず、商談機会が失われていた
- **営業とカスタマーサクセスの間**：新規顧客がカスタマーサクセスチームにスムーズに引き継がれず、初期オンボーディングに遅れが生じていた

■ 図5-6：ケーススタディ4　データを用いたボトルネックの発見と組織的改善

D社	人材サービスの中堅企業
目的	売上低迷の組織的な解決
課題	原因究明とレベニュー組織のサイロ化
アプローチ	**結果**
1.データ収集と統合 2.データ分析とボトルネックの特定 3.改善策の策定と実施 4.モニタリングとフィードバック	•リード対応時間50%短縮 •商談受注率25%向上 •新規オンボーディング成功率20%向上 •レベニュープロセス全体の効率改善

これらのボトルネックを特定した後、各部門のリーダーで議論し具体的な改善策を策定しました。

まず、マーケティングとインサイドセールスの連携強化のために、マーケティングオートメーションツールを活用し、リードの自動引き渡しプロセスを確立しました。これにより、リードの対応遅れを防ぎ、迅速なフォローアップが可能となりました。

次に、インサイドセールスチームに対するトレーニングプログラムを実施し、リードフォローアップのスキルを向上させました。特に、リードの優先順位づけと効果的なコンタクト方法に焦点を当てました。

さらに、新規顧客のオンボーディングプロセスを標準化し、営業からカスタマーサクセスへの引き継ぎをスムーズにするためのチェックリストとガイドラインを導入しました。

これらの改善策の実施後、各部門は定期的にデータをモニタリングし、効果を評価しました。また、改善策の効果を最大化するためのフィードバックループを確立し、必要に応じて調整を行いました。

これらのアプローチの結果、D社は次の成果を達成しました。

- **リードの対応時間が50％短縮**
- **商談受注率が25％向上**
- **新規顧客のオンボーディング成功率が20％増加**
- **各部門間の連携が強化され、レベニュープロセス全体の効率が大幅に改善**

データを活用してボトルネックを特定し、組織的な改善を行うことの重要性を示すケースです。

04

レベニュー組織のデータドリブンの肝であるフォーキャスト

もれなく収益化できているか？

フォーキャストマネジメント（業績予測管理）は、レベニュー組織におけるデータを活用した意思決定の中でも特に重要な要素の1つで、**将来の業績に見通しを立て、それにもとづいた戦略を策定するためのプロセスです。**

高い精度でフォーキャストができていれば、翌年に予定している投資を早めるという判断や、逆に不調な見通しが確実視できている場合には期中に予定している採用計画を見直すといった判断ができます。正確なフォーキャストを実現するフォーキャストケイデンスを実施できているかどうかは、企業の成長スピードの差別化要素になりえます。フォーキャストケイデンスの詳細は第6章で紹介します。

外資系企業では営業とカスタマーサクセスの責任者はもちろん、マネージャーもメンバーも正確なフォーキャスト能力を求められます。基本的には大きな上振れも下振れも許されません。目標達成が重視され、達成できなかった場合の責任追及が厳しいことも多いです。高いプレッシャーの中で正確なフォーキャストを出し、目標達成をすることが求められます。レベニュープラットフォームのリーダー企業であるClariによると、14・9％のレベニューがレベニューリークにより失われているといいます。**レベニューリークとは、適切なリズムでレベニュー管理ができていれば獲得できたはずが失われたレベニューのことです。**日本では、フォーキャストはマネージャー以上の仕事のように捉えている企業も多いかもしれません。メンバーレベルで適切なレベニューケイデンス（適切なリズムでのレベニュー管理）が実施できていることによって受注効率は向上し、レベニュー拡大に寄与できる可能性は高まります。

フォーキャストマネジメントの方法

フォーキャストについてどのように実践しているかを日本企業に尋ねると「KKD

法」と「加重パイプライン法」の2種類の取り組みが出てきます。 KKD法とは「経験」「勘」「度胸」それぞれの頭文字から取ったもので営業の属人的なヨミ管理です。エクセルなどを活用し、AヨミBヨミなどの感覚的あるいは営業のアクションベース（見積もり提示済みなど）で設定されています。営業によってはKKD法でも着地精度が高い人もいれば低い人もおり、営業から報告されるKKDの数字をマネージャーもまた自身のKKDを駆使して報告をあげるというものです。もう一方の加重パイプライン法は、商談管理のステージごとに付与されている受注確度のパーセンテージを掛け合わせてそれをフォーキャストとして管理するというものです。

欧米でも加重パイプライン法を応用してフォーキャストを実施している営業マネージャーも存在します。加重パイプライン法と新規作成された商談および受注に至った商談の過去データを用いる手法です。前四半期より前に作成されていた商談金額と当四半期中に作成されて受注に至った商談金額を用いて、期初時点の商談金額に掛け合わせるコンバージョン率を設定しフォーキャストを実施するというものです。

商談ステージにもとづく加重平均は各商談の進行状況に応じた確率を設定し、それをもとに単純な予測を行うものです。商談金額の差異や商談ごとの異なる状況は考慮されないため、精度という観点では課題が残ることも否めません。商談の単価が均一でない場合、加重平均は適切な予測を提供しにくくなります。例えば、ある商談が他の商談よりもはるかに高額であれば、その商談の進行状況が全体の売上予測に大きな影響を与えるべきですが、加重平均ではこの影響を十分に反映できないことがあります。そして各商談には固有の要素や条件が存在し、それが成約確率に影響を与えることがあります。例えば、顧客の業種、競合状況、契約期間などです。加重平均はこれらの個別要素を考慮しないため、精度の高い予測を提供するのは難しい場合があります。

著者が営業部長を務めていたころは、週次でSFAの商談のうちフォーキャストするために重視していた情報を出力し、スナップショットを残しながらフォーキャスト1on1ミーティングで商談ごとに受注可能性を引き上げるための対話を実施し、社長にノミネートするフォーキャストを判断していました。週次で全営業分の全商談を1つひとつ確認し、リスク把握を実施していく作業はそれなりに時間を要します。一般的には商談ごとに深掘りしての確認は、個々の商談を詳細に評価するため、時間と労力がかかり、大量の商談を扱う場合には実行不可能です。さらに、営業マネージャーの力量に大きく依存し、人的ミスのリスクもあります。

テクノロジーを活用したフォーキャスト精度向上

ＢＣＧによると※ Clari, Outreach, GongのようなRevTechの可視化ツールを使用してレベニューリークに対処した結果、売上予測の精度は97％に向上し、収益は30％増加したというデータがあります。

Clariは２０１３年からＡＩ搭載のフォーキャストシステムを提供しています。著者が週次で出力しながらの属人的なフォーキャストを実施していた当時、グローバルでClariを契約していたためアカウントを付与してもらい利用した経験があります。Clariはいとも簡単に著者が提出していたフォーキャストとほとんど乖離がないフォーキャストを示していたことに衝撃を覚えた経験があります。

ＳＦＡとClariは相互に連携し、ＳＦＡには営業と顧客とのメールのやり取りや商談のログが蓄積されていることによって高い精度でのフォーキャストが可能です。人力では難しい大量のデータ処理や個別要素の考慮ができ、効率的かつ効果的なフォーキャストが実現できることによって、ＧＴＭ戦略実現に向けた投資判断をスピーディかつ効果的に実施できるようになります。

※出所：ボストン・コンサルティング・グループ「The $2T Opportunity to Boost Sales and Lower Costs with RevTech」
https://www.bcg.com/publications/2022/boost-sales-lower-costs-opportunity-with-revtech

レベニューマネジメントダッシュボード

レベニューマネジメントのプラットフォームは先ほど紹介したClariやAvisoなどをはじめにさまざまありますが、既に日本に本格的に進出している企業であるXactlyを参考に紹介します。フォーキャストには売上を予測するレベニューフォーキャストと契約金額ベースで予測するブッキングフォーキャストがありますがここで紹介するダッシュボードはブッキングフォーキャストです。通常フォーキャストはカテゴリーで管理されており、シンプルなケースではSFAで「コミット」「アップサイド」「パイプライン」などの3段階で運用されていることが一般的です。

図5-7ではにフォーキャスト管理プラットフォームであるXactlyのダッシュボードを紹介していますが、一般的にこのようなシステムを利用しない場合、データの可視性が低くフォーキャストの精度が低くなります。営業マネージャーは営業メンバー自身のSFA上のフォーキャストカテゴリーでコミットしているものだけをフォーキャストするということはありません。目標に対して「500万円やります」とマネージャーが数字を提出するだけでは、その500万円がどんな案件で構成されてお

り、何に対してどういう打ち手が必要なのか、どのようなリスクがあるのかは見えてきません。

図5-7では現状の商談の全体感を把握するために、マネージャーがフォーキャストしている数字や受注済みの数字、メンバーのフォーキャストの状況やギャップを可視化しています。1020万ドルの目標に対して120万ドル受注済みであり、850万ドルをマネージャーがフォーキャストとして提出しており、それは前週よりも約400万ドル上昇しているということがわかります。また、メンバーによるSFAのコミットの合計は370万ドルであり、360万ドルほどはコミットされていないものからフォーキャストしているということがわかります。メンバーのコミットやアップサイドのうちのどの商談をマネージャーはコミットしているのかをクリックすると把握できます。その受注妥当性はどうか、ということを掘り下げていくことになります。また、AIによる着地予測もダッシュボードで確認していくことも可能です。

その他、組織やチームの俯瞰と営業メンバー単位を切り替えてフォーキャストの状況の確認や、先週との比較、AIによる予測含めて数字の推移とその中身を把握する※ こともできます。これがあることによって、ミーティングは「先週からの進捗を

※XactlyのYouTube “A Sales Leader’s Guide to Build a Better Forecast#”
https://www.youtube.com/watch?v=CYZ64oirEhc

■ 図5-7：ダッシュボード（Xactly Forecasting）

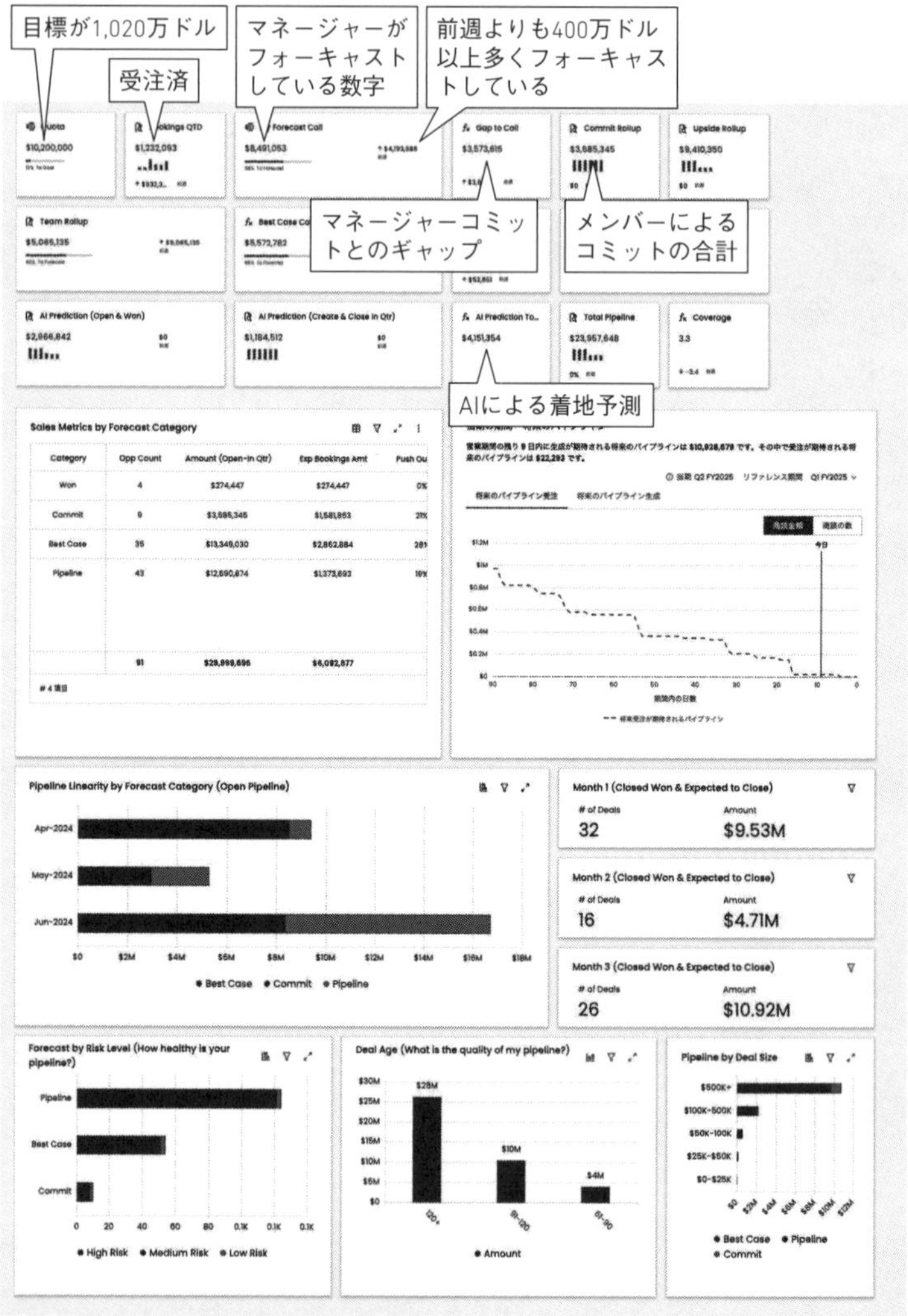

ダッシュボードは必要な要素を構成する形式で自由に編成できます

教えて」といったことからはじまらず、何がどう変化したのかを一目瞭然の状態から会話を開始でき、本質的に商談を前に進めていくための対話にフォーカスできます。また、商談ごとのヘルススコアが把握できます。コミットしているのにスコアが低い場合、その低いスコアの要因は何かをインサイトやアラートで把握していけます。このスコアはそれぞれのセールスプロセスに合わせてマイルストーンの設定やＩＣＰなどを組み合わせ適切にチューニングして管理します。

インタビュー

RevTech紹介② 競争優位性を高めるレベニュードライバーとしてのカスタマーサクセス

――Gainsight株式会社 絹村 悠

絹村 悠 代表取締役社長

大阪市立大学卒業後、日本ヒューレット・パッカード（現日本HP）に入社。大手法人向け営業を経て、BtoB Eコマース事業の事業リードとして、デジタルマーケティングを中心としたリード獲得による顧客開拓から定着までのプロセスを実装。その後、2016年にタブロー・ジャパンに入社し、中堅中小領域における営業部門の立ち上げから拡大を通し、日本におけるデータ活用を中心に据えたDXを推進。直近ではセールスフォース・ジャパンにて、執行役員 タブロー事業部 コーポレート営業本部 本部長を務めた後、2022年にGainsightに入社、代表取締役社長に就任。カスタマーサクセス、製品体験、コミュニティエンゲージメントに焦点を当てた業界随一のカスタマー・サクセス・プラットフォームを提供し、あらゆる活動の中心にお客さまを据えたヒューマン・ファーストを実現している。

GainsightのWebサイト https://www.gainsight.co.jp/

RevTech紹介コラムでは、著者が注目するテクノロジー企業へのインタビューを紹介します。近年日本でも注目を集めてきたカスタマーサクセスの役割ですが、収益成長のための役割であることが見落とされていることもあります。本コラムでは、レベニュードライバーとしてのカスタマーサクセスを多面的にサポートするGainsightのアプローチを詳しく見ていきましょう。

■ レベニュー組織におけるカスタマーサクセスの役割

CROが新規顧客と既存顧客からの売上創出を包括して管理するため、マーケティング、営業、カスタマーサクセスの責任者がCROにレポートしている組織は欧米では一般的です。CROは短期的なビジネスと中長期的なビジネス成長のバランスを意識しながら意思決定をします。カスタマーサクセスは、既存顧客への活動や売上貢献を可視化し、さらに売上成長を実現するために付加価値を顧客に提供していくというレベニュードライバーとしての役割を期待されています。

国内でもカスタマーサクセスの役割を持つ企業は増えてきました。ただ、**欧米との大きな違いはカスタマーサクセスがレベニュードライバーではなくコストセンターの位置付けにあることです**。解約防止を目的としたオンボーディングや製品単体で補えない面を人力で補完していることが多いです。つまり期待値が売上貢献ではなく、製品のコストの一部になっており、能動的な価値提供によって売上成長を実現するという本質的な意味でのカスタマーサクセスとしての広がりとは異なります。

その背景から、経営者の方は投資判断に悩んでいます。ほとんどの場合、カスタマーサクセスの生産性管理やオペレーションモデルを設計していないため、何%の時間を顧客対応に費やしているのかを即答できる組織は稀です。オンボーディングまでの活動はかろうじて管理していたとしても、それ以降の接点は管理していないか、エクセルなどでの属人的管理となっています。また、データ管理をしてアラートを飛ばす施策を実施していても、誰がどのように活動し、データをどのように追跡して管理していくかを組織的に設計していることはほとんどありません。

レベニュープロセス全体を捉え、売上貢献を可視化・分析したうえでお客さまに価値提供することができれば、コストセンターからレベニュードライバーへと真のレベニュー組織に進化していくでしょう。

■ 鍵となるリーダーシップとカスタマーサクセスオペレーション（CSOps）

大きく収益成長するためには現場での努力のみならず、経営層がレベニュードライバーとしてのカスタマーサクセスの重要性を認識して変革していくということが当然重要であり、その経営層の判断を支える存在でもあるCSOpsが成長の鍵を握ります。具体的には第3章04節で語られていますが、CSOpsはプロセスマネジメント、テクノロジーの選定・管理、データ分析、イネーブルメントの役割を担っています。データを統合・分析し、お客さまが必要な情報にストレスなくアクセスして製品活用度を向上できるようにプログラムを構築し、ヘルススコアの設計、アセスメントやチェックインのプロセス確立のためのテクノロジーデザイン、プレイブックの策定を実施します。異なるバックグラウンドの人材が早期に活躍できるようにイネーブルメントも不可欠です。弊社では、Gainsight製品の活用支援に留まらず、リーダーシップコミュニティの運営やオペレーションモデル設計支援も実施しています。

■ AI活用による自動化、デジタルカスタマーサクセスの可能性

テクノロジーを活用した自動化に取り組むか否かは、今後のビジネスに大きな差をつけます。自社の生産性向上の観点と顧客への付加価値提供の両面において欠かせない要素です。組織を拡大するために人員を増やすという従来の考え方は、適していません。そして、顧客側のマインドセットも変化してきているため、必ずしも全て人力

で対応する必要はないのです。潜在顧客と同様に、既存顧客も欲しい情報を欲しいタイミングでストレスなく得られることを求めています。

生産性の観点では、顧客とのコミュニケーション内容をGainsightに集約することで自動的に要約した議事録が生成され、CRMに活動履歴として残り、送信メールを自動生成するといったことが生成AIの誕生により可能になりました。顧客の発言内容から感情を読み取り、解約懸念をリスクとして検知しヘルススコアに反映することも実現できます。付加価値提供の一例としては、製品の利用状況の管理、コミュニティサイトや製品のラーニングポータルなどの異なるタッチポイントのデータをGainsightで統合管理し、製品の利用状況や成熟度に応じてコミュニティサイトやラーニングポータルへログイン後に表示されるコンテンツをパーソナライズすることができます。

とはいえ、全てを自動化すればよいわけではありません。**人が付加価値を提供できる領域と自動化する領域を定義し、ビジネスと生産性を考えたうえで人とAIの分業・棲み分けを実施していくことが重要です。**弊社の2024年のグローバルカンファレンスPulseでは、オープンAIのカスタマーサクセスの発表が印象的で、「カスタマーサクセスによるヒューマンタッチの領域は必ず残る」と明言していました。顧客はカスタマーサクセスに製品の使い方だけではなく、その周辺情報の専門性についても期待しています。これからはバリューチェーン全体をカバーして顧客体験を設計できている企業が選ばれていくでしょう。カスタマーサクセスが自社の競争優位性の重要なパートを担っていくということです。

■グローバルで圧倒的に選ばれるGainsightの日本での展望

カスタマーサクセスに必要な業務プロセス全体を含めて価値提供できるプラットフォームは他にはありません。Gainsight製品の提供はもちろんですが、ビジネス戦略を実現するためのカスタマーサクセスのオペレーションモデルの設計など製品に閉じないノウハウを提供できることも弊社の価値だと思います。例えば、製造業のビジネス変革や新規事業のための支援も実施しています。熱量の高いユーザーコミュニティの存在や、これからカスタマーサクセスを立ち上げる企業、高度化を目指す企業にとっても有益な場になっていると思います。

デジタルと人力のバランスを適切にコントロールしながら顧客に価値提供をしていくことは、競合優位な差別化要素です。これからさらに、変革に取り組む経営層をサ

■ Gainsightカスタマープラットフォーム

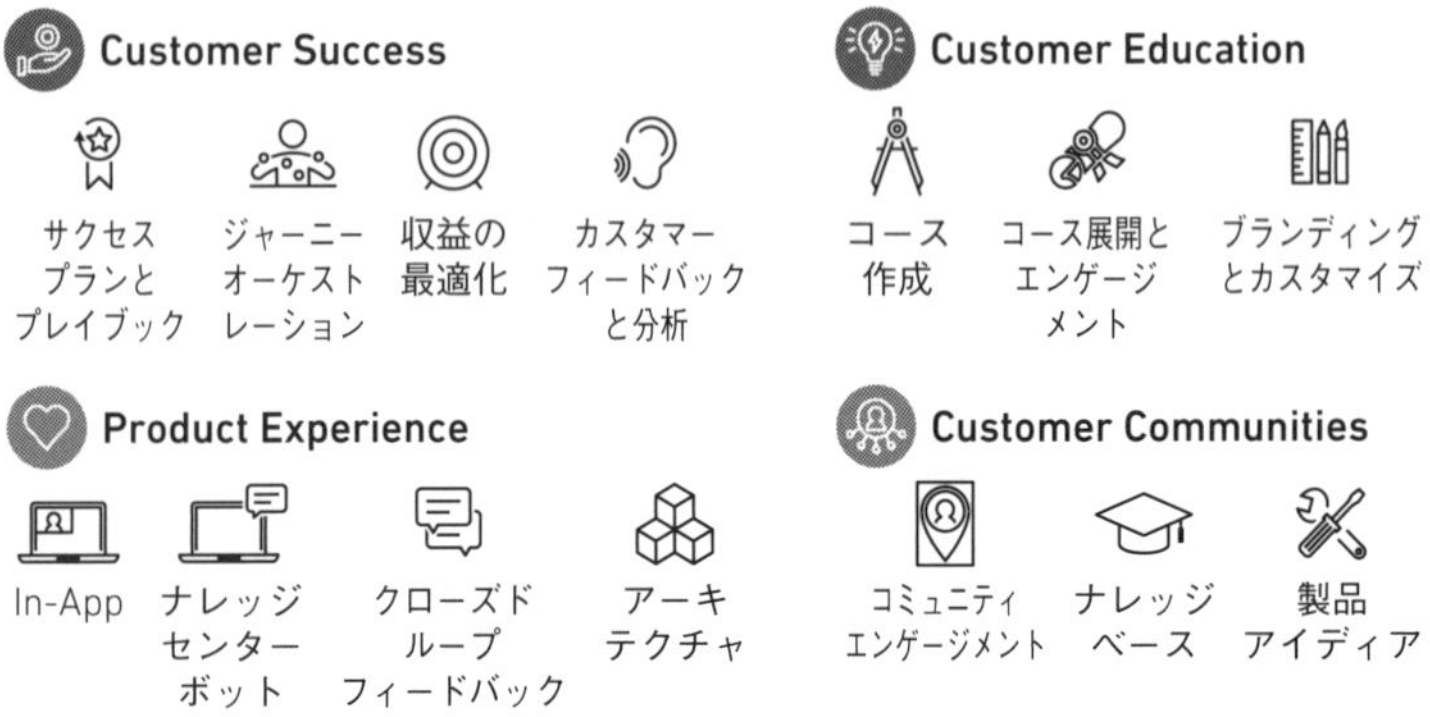

※2024年6月現在、日本市場ではCustomer Successのみご提供しております。

ポートしグローバルでの日本企業の競争優位性を高めることに貢献していく予定です。カスタマーサクセスによる顧客への提供価値向上によって事業成長を牽引し、そこから研究開発がさらに進むことによって社会への価値提供が向上するという好循環を生み出す一端を担っていきたいと考えています。

第6章

RevOpsの実践

01 戦略実現のためのテクノロジースタックデザイン

RevOpsのマチュリティレベル（成熟度）

ここまでRevOpsの価値や組織構築など解説してきましたが、実践する際には、どこから着手するのが適切でしょうか。**現状の組織の取り組み内容によって、実行すべきことが異なります。**オペレーションモデルがマーケティングにも営業にも全くない（ということは多くの場合カスタマーサクセスにもない）場合、一足飛びに戦略的なRevOpsへというのは現実的ではないでしょう。

2024年5月にサンディエゴで開催されたRevOpsのカンファレンスでセールスエンゲージメントプラットフォームのリーダー企業であるOutreach（アウトリーチ）の

CEO　マニー・メディナ氏は、RevOpsはこれからさらに戦略的になる必要があると語っていました。戦略的なRevOpsとその手前のRevOpsの間には隔たりがあります。ではそれらにどのような違いがあるかについてマチュリティレベル（成熟度）を見ていきましょう。RevOpsマチュリティレベルはレベル1～5に分けられます。

●レベル1：初期段階

マーケティング、営業、カスタマーサクセスをサポートするオペレーション機能や役割がまだ定義されていない段階です。当然組織図にXOpsはなく、組織的に定義されたプロセスがないか、仮にあったとしてもモニタリングし最適化するための手段は組織的には持たず、属人的なセンスによって改善活動がなされている状態となっています。RevOpsに該当する業務を行っている社員はいても、他の業務と混在しており、主業務として実施されているわけではありません。

●レベル2：機能段階

マーケティング、営業、カスタマーサクセスをサポートするオペレーション、またはイネーブルメント機能が組織として存在する段階です。ただしRevOpsではなく、

MOps,SalesOps,CSOpsなどレベニュー組織の特定の部門内に存在しており、その部門の効率化や実行支援に重点がおかれています。この組織機能が存在することによって、各部門のフィールド部門のパフォーマンスが向上しています。ただし部門に閉じた活動であり、互いに影響し合う他のレベニュー部門とは連携しておらず、部内の効率は向上するがシナジーが生まれているわけではない状態です。

●レベル3：協調段階

マーケティング、営業、カスタマーサクセスの各オペレーションを1つの部門にまとめ、サイロ化を排除し、レベニュー成長に焦点をあてて連携する段階です。データの断絶や仕組みの重複はなくなり、透明性が高く同じデータを見てコミュニケーションがなされています。ただし、効率化や改善に関連する業務が主であり、戦略的に将来のレベニュー成長に向けたプロアクティブなアクションをする段階にはなく、すでに発生している問題への対処を繰り返している状態です。よく、チケットの処理に追われ続けるというケースもあります。組織的に俯瞰的に見て取捨選択できておらず、出てくる問題をタスクとして処理するようなアプローチになっています。

●レベル4：戦略段階

GTM戦略支援、プロセスと組織デザイン、プレイブック策定が実施されていて、それを実現するためのテクノロジーの実装ができている段階です。その結果、マーケティング、営業、カスタマーサクセスの生産性は向上し、レベニュー成長に寄与できている状態です。単なる業務効率の向上のための受動的な取り組みではなく、経営に対してインサイトを提示しGTM戦略を支援し、戦略的にイネーブルメントも含めた体制でレベニュー成長を支援できている状態です。

●レベル5：加速段階

一連のレベニュープロセスの中で見つけたボトルネックを解消する動きをするのがレベル3までで実施していることだとすると、**レベル5はプロセスの中のボトルネックはなくなることがない（ボトルネックは解消すると移動する）ことを理解しトレードオフを判断できており、競合他社や同じ業界の中でも高い成長率を実現できている段階です。**実行のみならず、削減することにも焦点をあて、プロアクティブに利益率を改善しながらレベニュー成長に向けて経営のパートナーとして存在しています。

レベル3までと4以降には大きな隔たりがあります。3までは効率化に取り組むという問題解決のアプローチです。それでもレベル3までいけば一定RevOpsの恩恵を受けられ、フィールド組織の非効率性は排除できていることも多いです。

ただし、RevOpsの部門を構えているだけでは、市場の変化による獲得コストの増加、商談サイクルの長期化などの事象を予測し乗り越えるには不十分です。戦略的なアプローチに進化することによって、より少ないコストでレベニュー成長に貢献し、競合優位性を確立していけます。

第8章で詳しく紹介しますが、レベニュープラットフォームのリーダー企業であるXactlyのCEOアーナブ・ミシュラ氏はCEOとしてのRevOpsへの期待値は3四半期先にどのようなリスクがあるのかについて会話できることだと話していました。**RevOpsを設立する際、経営陣はレベル4以上を期待しているということです。**まず現状を整理し理解するところからが戦略的なRevOpsへの第一歩です。

テクノロジースタックデザイン

マチュリティレベルのレベル4に記載した通り、ベースとなるのはGTM戦略です。

GTM戦略を実現するためのオペレーションモデルデザイン（組織、プロセス、データ）があり、それを明文化したプレイブックを策定します。その先にテクノロジー導入があるということは常に念頭におくべき順序ですが、残念ながら逆になってしまっていることが多いのが実態です。著者も外資系IT企業で営業だった頃はテクノロジーをソリューションとして提案していた時代があります。テクノロジーはすばらしいですが、テクノロジーはあくまでアクセラレーターであり、存在しないオペレーションモデルを補うことはありません。オペレーションモデルが先行しているからこそテクノロジーの価値が発揮されるということです。

RevOpsを支えるテクノロジーのことをRevTechと呼びますが、RevTechには大きく3つの役割があります。新規獲得を支えるグロースアセット、意思決定を支えるインサイト、レベニュー成長やコスト効率の改善を支えるバリュードライバーです（図6－1）。

セールスフォースジャパン（当時セールスフォース・ドットコム）が日本に進出したのが2000年で、早い企業だとクラウドベースのCRM／SFAを導入して25年が経とうとしています。その企業のうち、ユーザーである営業の生産性も視野に入れた投資回収率に満足できている企業はそれほど多くないかもしれません。CRM／SFA

■ 図6-1：RevOpsを支えるテクノロジーの構成

レベニューイネーブルメント CRM、コンテンツやラーニングを統合するなどにより営業効率を向上	**レベニューインテリジェンス** レベニューインテリジェンスによる財務価値の管理と測定	**タレントデベロプメント** 優秀な人材を惹きつけ、雇用し、定着化する
チャネルの最適化 セグメンテーション、カバレッジ、インセンティブですべての販売チャネルを最適化	**エンゲージメントデータハブ** 顧客、営業、商品、取引に関するデータの収益化	**リソースの最適化** 商談に対する人材、時間、労力の配分を改善する
顧客接点のテクノロジー 自社のデジタルインフラで顧客とのエンゲージメントを高める	**カスタマーインテリジェンス** 自社のデジタルインフラで顧客とのエンゲージメントを高める	**レベニューエンハンスメント** パッケージング、価格設定、パーソナライズされたオファーによりトランザクションあたりの収益を増やす

■ **グロースアセット**
新規獲得やアップセルクロスセルなどの収益成長を実現するためのデータ、テクノロジー、チャネル

■ **インサイト**
GTM戦略実現に向けて、リアルタイムで行動、コミュニケーション、意思決定に役立つインサイトを提供

■ **バリュードライバー**
チームやリソースからより多くの収益と利益を生み出すデジタルテクノロジーと高度な分析

出所：THE REVENUE OPERATING SYSTEM REPORT

はグロースアセットに位置づけられ、本来は売上拡大の重要なパートを担いすべての顧客エンゲージメントデータの記録システムであるべきものです。しかしそうなっていないことが多く、それはテクノロジーの問題ではなくオペレーションモデルの問題です。

重要なのは各セグメントのテクノロジーを複数導入できているということではなく、それぞれがつながっていて高い生産性で価値発揮できているということです。今後もますます複雑化し規模が大きくなることは間違いないRevTechですが、ポイントソリューション、顧客タッチポイント、データソースなどを整理しなければなりません。

セールスイネーブルメントプラットフォームを提供するHighspotは、レベニュー組織が

利用するコンテンツのデジタルアセット管理ツールを提供していたところから、営業が業務を進める中でのリアルタイムなトレーニングを支援するサービスなどRevTechの中での複数の領域をカバーするように拡大しています。同様にBigTincanは2020年に音声解析会社であるVoiceVibesを買収し、営業コンテンツ管理に留まらず営業トレーニング製品も提供するようになりました。

このように、テクノロジーベンダーもサイロからプラットフォームへと自社の価値をシフトしています。**テクノロジーは有用ですが、本当の価値は点と点を結んだ先にあり、何もかも連携すればよいわけではなく、最も本質的に多く結べる組織が成功する**ということです。ここからはテクノロジースタックの3カテゴリーについて確認していきましょう。

グロースアセット

新規獲得やアップセルクロスセルなどの売上成長につながるもので、レベニューイネーブルメント、チャネルの最適化、顧客接点のためのテクノロジーで構成されます。

●レベニューイネーブルメント

レベニュー組織のうち特に顧客と対峙するインサイドセールス、営業、カスタマーサクセスをサポートするテクノロジーです。CRM、セールスエンゲージメントプラットフォーム、セールスイネーブルメントプラットフォームなどが含まれます。これについては次の節でテクノロジー以外の要素も交えながら解説します。

●チャネルの最適化

デジタルとアナログの販売チャネルを生産性、カバレッジ、コスト、エンゲージメントの観点を踏まえて最適化します。営業活動の一部を自動化やオンライン化することで顧客接点の価値を維持したままかかる営業コストを削減する、コールセンターやDTCおよびパートナーチャネルの活用により顧客接点における付加価値低下の可能性は踏まえつつより効果的なボリュームの販売を目指すなどです。

●顧客接点のテクノロジー

Webサイト、ブログ、モバイルアプリ、Eコマース、マーケティングオートメーション、ソーシャルメディアなどデジタルで顧客接点を取得し、エンゲージメントを高めるものです。

複数の領域をカバーするものも多いため一概には言えませんが、CRM／SFAとしてのSalesforceやHubspot、マーケティングオートメーションのAdobe Marketo EngageやAccount Engagement、オンラインチャネルの商談をカバーするZoomやTeams、顧客へのアプローチを自動化するセールスエンゲージメントプラットフォームのOutreachやSalesLoft、顧客セグメントに応じてデジタルとアナログのアプローチを切り分け自動化するカスタマーサクセスプラットフォームのGainsightやTotango、ABM支援プラットフォームの6senseやDemandbaseなどが該当します。

このカテゴリーにおいて重要なポイントは、フィールド組織が高い生産性で活動できるように業務に活用するテクノロジーのサイロ化を最小限にCRMシステムを基盤としてデザインすることです。トレンドとしては、自動化や安価なチャネルを活用した効率的な成長、アカウントスコアやヘルススコアなどの顧客エンゲージメントを成功の指標とするABMアプローチなどがあります。

インサイト

ＧＴＭ戦略実現に向けて、行動、コミュニケーション、意思決定において重要な示唆であり、レベニューインテリジェンス、エンゲージメントデータハブ、カスタマーインテリジェンスで構成されます。

●レベニューインテリジェンス

経営陣やレベニューリーダーが成長戦略の策定、投資判断、ＲＯＩの測定、精度高いフォーキャスト管理を実施できるように、商談や受注データなどからのインサイトを提供するテクノロジーです。ダッシュボードや分析機能が含まれます。フォーキャスト管理は別の節で詳しく紹介します。

●エンゲージメントデータハブ

ファーストパーティ及びサードパーティのデータソースから顧客、製品、レベニュー、営業やカスタマーサクセスの活動データを集約し、インサイトを提供するテクノロジーです。

●カスタマーインテリジェンス

顧客データを顧客と対峙するフィールド部門の活動や判断をスピーディに実施できるようにするためにデータを変換し、行動のレコメンデーションを含むインサイトを提供するテクノロジーです。フィールド部門が優先順位を立てることにも役立ちます。

グロースアセットとして紹介したテクノロジーの他、レベニュープラットフォームであるClariやAviso、インセンティブ設計含むプランニングのプラットフォームであるXactly、顧客データの集約や分析のテクノロジーであるSnowflakeやBlueshift、データのエンリッチメントや自動化を行うデータオートメーションプラットフォームであるOpenpriseはインサイトを司るテクノロジーと言えるでしょう。

このカテゴリーにおいて重要なポイントは、顧客データとインサイトを一元化すると意思決定の中核となるシステム構築です。それはＣＲＭとは限らず、より迅速かつ優れた形で調整・展開できるプラットフォームが重視されてくるでしょう。トレンドとしては、言うまでもなくＡＩ、機械学習によるセールスエンゲージメントデータ含む膨大なデータ活用です。営業部隊をどこに重点的に配置をするか、商談やコールするリードの優先順位、どの顧客セグメントをターゲットにするか、ソリューションの組み合わせなどをAIによってシミュレーションし、最大のレベニュー貢献やROIを実現するための取り組みを選択できるようになります。計画やフォーキャスト精度は大きく向上していくでしょう。

バリュードライバー

デジタルテクノロジーと高度な分析によって、より多くのレベニューを生み出し利益率の改善につながるもので、タレントデベロップメント、リソースの最適化、レベニューエンハンスメントで構成されます。

●タレントデベロップメント

人材に関する採用、育成、測定、管理、モチベーションの向上などに関わるテクノロジーです。人材の活躍及び定着化の実現は利益率の悪化を防ぎます。離職率が高まり採用を繰り返すとそれに伴うコストは増加してしまいます。

●リソースの最適化

顧客やマーケットを踏まえてリソースを配分するためのテクノロジーです。テリトリーの定義、目標の設定、アカウントの優先順位づけを支援します。

●レベニューエンハンスメント

価格設定の最適化、オファー内容のパーソナライゼーション、より効果的なプレゼンテーションの提案と作成を支援するテクノロジーです。

トレーニングにゲーム要素を取り入れることで従業員のエンゲージメントを高め学習意欲向上を実現するMindTickleインセンティブ報酬管理や営業パフォーマンス管理を実施するXactlyやVaricent、価格最適化を実現するPROSやZillantCPQソリューションのCongaやDealhub提案書の自動作成を実施できるQorusDocsやProposifyなどが該当します。

このカテゴリーのポイントはグロースアセットやインサイトにおいてサイロ化が排除できているほど取り組み余地があるという点です。特にタレントデベロップメントにおいてはレベニュー組織以外の部門も関連し、そちらにはデータ統合のインセンティブがないこともあります。レベニューリーダーとしてはデータが切り離されていないことによって、効率的にトレーニングから行動にシフトさせ、そこから成果につなげるということを実現できます。トレンドとしてはＡＩを活用した高度な分析のＧＴＭ戦略への活用、ＡＩ活用による営業組織のリソースのオフロードがあげられます。

グロースアセットをフィールドの業務や新たなビジネス獲得に向けた効率を向上し、適切にデータを管理することによって、インサイトで高度な分析が可能となり、それにもとづいてバリュードライバーでさらにレベニュー拡大に向けた意思決定が可能になります。テクノロジーを導入するからには、**パッチあてのような問題解決により非効率性を生み出すのではなく、戦略を実現するためのオペレーションモデルを踏まえたデザインを実施していくことが重要です**。

02 複雑化する購買プロセスを支えるレベニューイネーブルメント

レベニューイネーブルメントとは

セールスイネーブルメントは、日本でも徐々に浸透してきている考え方で、営業部門の生産性を向上し、より多くの取引を成立させるために必要なリソースを提供する戦略的なアプローチやそれを担う部門を指します。必要なリソースには、トレーニングやコーチング、コンテンツ、ツール、プロセスの整備が含まれます。

セールスイネーブルメントは営業組織に焦点をあてた取り組みである一方、レベニューイネーブルメントはレベニュープロセス全体の生産性向上を目的としています。

つまり、営業に対して実施しているイネーブルメントを個別の部門に対して同様に実施するというサイロ化された取り組みの延長線上ではありません。レベニュー組織の全部門のポジションの採用、オンボーディング、継続的なトレーニングやコーチング、役割ごとに必要なサポートを提供します。ただし、すべてのレベニュー組織に均等にリソースを割り当てるのではなく、GTM戦略を踏まえて実施する必要があり、顧客と直接対峙する部門の中でもレベニューインパクトの大きいエリアに焦点をあてるなど適切なリソースの配分の検討は必要です。

ガートナーによると※「**2026年までにイネーブルメント部門の60%が、顧客と接しレベニューを生み出すすべての役割をイネーブルメントするミッションを負う**」と言われています。顧客の購買行動が営業からの情報収集に高い比重で依存していた時代から進化し、購買プロセスが複雑化する現代において、営業部門だけを支援していても売上拡大への貢献という本来のミッションを果たすことが難しくなっているためです。実際に、営業や営業マネージャー、インサイドセールスに加えて、カスタマーサクセス、パートナーセールスやマーケティングなど他のレベニュー組織への支援も開始しているイネーブルメント部門も増えてきています。

RevOpsが取り組むプロセスやテクノロジーの最適化を浸透させ定着に導くためにもレベニューイネーブルメントは重要であり、欧米ではこのイネーブルメントの組織

※出所：2022 Gartner Sales Enablement Benchmark Survey「What user communities/roles does your sales enablement function support?」

をRevOps配下に設置することが一般的になりつつあります。仮に部門が違ったとしても、同じ目的を持つこの2つの役割が戦略と連動して協力できる組織体制であることが重要です。RevOpsの目的である持続的成長を実現していくためには、レベニューイネーブルメントは組織の収益を最大化するために不可欠な要素です

RevOpsにおけるレベニューイネーブルメント

本章01節で紹介した通り、レベニューイネーブルメントはRevOpsにおいてグロースアセットです。ヒト、顧客データ、コンテンツ、相互接続したテクノロジーが成長に必要な資産であるとお伝えしました。CRMは往々にして営業部門の記録としてのみ機能していることが多いですが、重要な成長の資産である顧客接点を持つ営業やカスタマーサクセスは、効果的に顧客アプローチするための支援を必要としています。**レベニューイネーブルメントは、レベニュー組織のフィールド部門に過度の負担をかけることなく効果的に支援する必要があります。**適切な行動、顧客とのコミュニケーションに費やす時間を最大化し、レベニュー組織への投資対効果を向上させます。

これまで営業やカスタマーサクセスの活動のデータは手作業でCRMに格納され、マーケティングデータはデジタルマーケティングシステムに閉じられ共有されることはありませんでした。しかし、この数年分析に利用できる顧客エンゲージメントと顧客接点の活動のデータは増えています。

2020年から2023年までの新型コロナウイルスの影響で多くの営業活動含むタッチポイントはデジタル化したことがその要因です。出張や接待にかけられていたコストはオンライン商談などのテクノロジーに投資され、デジタル完結での契約締結など従来よりもコスト効率に優れたクロージングのプロセスなども誕生しました。Webサイトはもちろん、メールやカレンダー、商談録音データ、サードパーティデータなど活用可能なデータは増えています。

データドリブンなガイダンスやコーチング

テクノロジーのサイロ化により多くのシステムにデータが点在してしまっています。営業やカスタマーサクセスのメールや架電のシーケンスを自動化したり、優先順位を明確化したりするなど顧客アプローチを支援するテクノロジーを活用していても、

CRMと統合されていないということもあるでしょう。そうなると、コーチングやガイダンス、パフォーマンス測定など他のユースケースでそのデータが活用されないということになります。サイロ化されたデータの価値は限定的です。**データドリブンでリアルタイムなフィールド支援のために有効なデータソースを4つ紹介します。**

● **メールやカレンダーのデータ**

営業やカスタマーサクセスのメールやカレンダーの情報を取得し分析します。このデータはCRMのアカウントや商談のデータを補強し、顧客とのエンゲージメント、フィールドの活動、商談の健全性についてより解像度をあげられます。

● **コンテンツデータ**

デジタルアセット管理ツール、セールスイネーブルメントツール、マーケティングオートメーション、カスタマーデータプラットフォームなどで取得する顧客のコンテンツへの反応情報や製品の利用状況を体系的にトラッキングすることで、顧客のバイインググループを具体化し顧客の検討状況などを可視化します。

●ファーストパーティデータ

Webサイト、ブログ、モバイルアプリ、Eコマース、ソーシャルメディア、チャットボットなど自動でデータを収集している自社のデータをもとにリードスコアリング、NLP（自然言語処理）やAIによる分析を実施し、CRMやカスタマーデータプラットフォームに取り込むことでフィールドチームが有効活用します。

●録音・録画された会話データ

オンラインや電話で実施された顧客とのコミュニケーション内容を記録して自動で書き起こし、分析します。顧客の感情や営業・カスタマーサクセスを担う社員の苦手な対話を可視化し、商談のリスクや適切なセールスプレイ、苦手なシチュエーションを克服するためのアドバイスやトレーニングに活用します。

取り扱う製品やターゲットとする市場によって、営業活動における正解はさまざまですが、顧客接点を持つフィールド部門が共通点があります。著者自身、営業やセールスイネーブルメントとして複数の企業規模・業界での経験をし、また、支援先企業の営業部門を見てきた中での共通して苦戦するポイントは5つあると考えています。

❶自社製品、その価値の理解
❷CRMへの活動情報の入力
❸競合や市場のリサーチ
❹提案書などの準備
❺リードや商談の優先順位づけ

レベニューイネーブルメントのテクノロジースタックデザインにおいては、日々フィールドチームが対峙しているこれらのボトルネックに焦点をあて取り組むことが営業部門から支持される成功する取り組みになるでしょう。

レベニューイネーブルメントの鍵

フィールド組織が顧客に効果的に価値提供しレベニュー成長するためには、組織やツールの分断を排除することが不可欠ですが、リーダーシップや自社のプロセスなどを踏まえて実践するのは簡単なことばかりではありません。そこで抑えておきたいポイントを紹介します。

●トップダウンでのテクノロジー判断

必ずしも経営陣である必要はないですが、レベニューイネーブルメントに関連するテクノロジー導入を判断する系統は統一しておくことが望ましいです。先日、米国でセールスイネーブルメントとして営業の業務生産性向上のための取り組みを行ってきた方が、セールスイネーブルメントが認識しないところでマーケティング部門によってポイントソリューションが導入され嘆いている話をうかがう機会がありました。CRMにデータ集約してきた中でそれを迂回するテクノロジーが導入されるとサイロ化と非効率が発生します。テクノロジーポートフォリオをレベニュー生産性の観点で評価・判断できる役割が必要です。機能サイロのテクノロジーを合理化できれば管理コストを含めたコスト削減にもなります。

●レバレッジポイントの特定

先ほどフィールド組織がつまずきやすい5つの共通点を紹介しました。自社のプロセスの中でどこが共通してボトルネックになっているかを特定することで、テコ入れすることにより大きな成果を見込めるポイントを明確化できます。これには、テクノロジー以外の施策も含まれます。

●テクノロジーの利用率向上

意図を持って導入したテクノロジーが活用されていないとなると元も子もありません。また、テクノロジーは常に進化しており、ユースケースは初期に導入した際に想定していたケイパビリティだけとは限りません。デジタルアダプションプラットフォームの活用など、導入しているテクノロジーの効果を最大化することで、新たな取り組みと比較すると少ないリソースで大きなインパクトをもたらすことができます。

フィールド組織の生産性向上のために業務ワークフローがシンプルに結合されていることは不可欠です。営業活動ではＣＲＭが中心となる基盤であり、そこを迂回するポイントソリューションは非効率性を生み出すリスクがあることを念頭におく必要があります。

03

経営判断の速度と精度を向上させるフォーキャストの実践

フォーキャストマネジメントのステップ

第5章でフォーキャストマネジメントはレベニュー組織におけるデータドリブンな意思決定の肝であるとお伝えしました。しかしまだ日本において高い精度のフォーキャストマネジメントが根付いている企業は多くはありません。

■ステップ1：フォーキャストする対象

第5章でもお伝えした通り、フォーキャストの対象にはレベニューとブッキングがあります。

- **レベニューフォーキャスト：その期間内に計上される売上の予測**
- **ブッキングフォーキャスト：その期間内に契約締結される受注金額の予測**

例えば12月決算のサブスクリプション型ビジネスで月額100万円の年間契約を9月1日開始で契約する場合、レベニューは400万円、ブッキングはARR1200万円ということになります。

ビジネスモデルや営業とカスタマーサクセスにどのような動きを期待するかによって何をフォーキャストするかは変わります。SaaS企業の場合、ブッキングに焦点をあてた活動をフィールド部門に期待することが多く、新規契約、更新契約、アップセルクロスセル契約など将来のレベニューを生み出す確定された数字をフォーキャストします。

また、新規顧客開拓、既存顧客からのアップセルクロスセル、既存の契約更新など商談のカテゴリーに応じてそれぞれ管理することが望ましいです。

■ステップ2：フォーキャスト確認の頻度とカテゴリー

フォーキャスト確認の頻度もビジネスモデルによって異なります。一概にこれが正しいというものではありませんが、アプローチ対象企業の規模や平均セールスサイクルなどによって、SMB向けなど1週間〜1か月などの短いセールスサイクルの場合には日次や週次、セールスサイクルが1〜3か月の場合には週次、セールスサイクルが3か月以上の場合には週次や隔週などのサイクルでフォーキャストを確認します。

営業メンバーおよび営業マネージャーが管理するフォーキャストのカテゴリーを定めます。一般的には、コミット、アップサイドやベストケース、パイプラインの3段階で管理されることが多いです。中にはアップサイドやベストケースをさらに2つに分ける管理を導入している企業もありますが、初めから複雑化させても運用に乗りにくくなるため、シンプルに進めることが望ましいです。

■ステップ3：フォーキャスト手法

商談のステージに定めた受注可能性（%）と金額のかけ合わせで算出される加重平均、商談ごとの個別の状況を把握したうえで1つ1つを評価し集計する積み上げ、AIを活用したものなど、どれかもしくは組み合わせでフォーキャストします。現在、加重平均で実施していてフォーキャスト精度に課題がある場合には、別のフォーキャスト手法との組み合わせにより精度向上にチャレンジしてみるのがよいでしょう。

フォーキャストケイデンスとは

フォーキャストケイデンスとは、精度高いフォーキャストを実施できるようにするためのプロセスやスケジュールのことを指します。このケイデンスの設定は、ビジネス戦略や営業活動の効果を評価し、目標達成に向けた進捗を管理するために非常に重要です。一般的に、短期的な数字にのみ焦点をあてるケイデンスを組むと常に自転車操業的に苦しい数字管理になってしまいます。セールスサイクルによってもちろん変わりますが、少なくともマネージャーレベルでは短期と中長期を両輪で回せるケイデンスを組めることが求められます。

四半期の13週間をどのようなリズムで何を確認するかを定義し、そのうえで週次で何曜日に何を実施するのかを明確化します。13週のテーマ設定はセールスサイクルによっても変わってきます。

例えば、1週目には前四半期に受注を見込んでいた商談の早期受注に焦点をあて、2週目からの隔週では当四半期のキーとなる商談郡の精査、3週目には大規模商談、5週目には次の四半期の大規模商談、6週目には向こう3か月の契約更新商談、などといった形で短期と中長期の数字の両方に目を向けて営業活動やリニューアル活動を実施できるように組み立てます。多くの場合9週目までは当四半期のコミット、10週目以降は当四半期及び翌四半期のコミットに目を向けることになります。

週次では、月曜日にフォーキャスト1on1、火曜日にマネージャー以上のフォーキャストミーティング、金曜日には営業はSFAを最新の状態にアップデートする、といったサイクルが定められ、それにあわせてRevOpsは、月曜日と火曜日に集計したデータをマネジメントラインに提供したり、金曜日に起きる商談の変更状況をモニタリングしたりします。

ビジネスモデルやセールスプロセスに沿って適切なフォーキャストマネジメントを高い精度で実践できることによって、経営は投資判断を迅速かつ適切に実行できるようになります。

04 RevOpsの取り組み方

ゴールはレベニュー貢献

ここまで読み進めてきた読者の方は、RevOpsがいかにレベニュー成長において重要かは理解いただけていることでしょう。中には、始めたいけれど何から取り組むべきかイメージが湧いていない方もいるかもしれません。

現状のマチュリティレベルによって、また、企業内におけるボトルネックが何かによってやるべきことは異なります。どのような場合にでも重要なのは、レベニュー貢献がゴールだということからブレないこと、組織もテクノロジーも相互接続を前提に考えること、シンプルだがスケールできることがベストであるということです。高いコストをかけたり、設計を複雑化させたりする必要はなく、低コスト（費用・リソース）で最大の成果が出せるのであればそれがすばらしいことです。ただしコストを重視するあまり先に述べたゴールからズレたりサイロ化を許容してフィールド組織に負荷をかけたりすることは避けるべきです。

初期ステップとしての取り組み

実践に向けて取り組むべきポイントは企業によりますが、ここでは初期ステップとしての取り組みをいくつか紹介します。ターゲットオーディエンスの定義やバリュープロポジションなどGTM戦略がすでに策定されている前提にもとづくステップですので、そこが曖昧な場合にはまずそこから取り組むことを念頭においてください。

■レベニューサイクルの可視化

一連のレベニュープロセスの中で、すでに蓄積されているデータは豊富にあります。顧客と企業が接点を持つチャネルのうちファーストパーティデータとして存在しているものには、Webサイトへのアクセス情報、マーケティングキャンペーンへのエンゲージメント、メールのログ、カレンダーのミーティングログ、商談や電話の録音・録画データなどがあります。このデータは顧客エンゲージメント、営業やカスタマーサクセスの活動データの基盤です。レベニュープロセス全体を可視化し、マーケティングのROI、目標達成に必要なマーケティングの活動量の試算、商談の受注可能性把握の精度向上、既存顧客のリテンションリスクなどに関わるインサイトを得ます。マーケティング予算や営業・カスタマーサクセスのリソース配分などをより適切に管理し、収益性の高い領域にリソースを配置する判断が可能になります。

■コンテンツ管理の見直し

マーケティングで作成するコンテンツや、営業が個別に作成するコンテンツなど、メッセージングや価値の設定がバラバラであることも多いです。顧客に渡るコンテンツは、GTM戦略と連動し一貫性を持って発信する必要があります。そうでない場合、顧客はマーケティングとの接点の中で受けた印象で好感を持ちながらも、営業との対話の中ではエンゲージメントが下がるということも起きうるでしょう。当然、前提としてはテクノロジーのサイロ化が解消できていてこそですが、ゆくゆくはコンテンツの管理は、AIやMLを活用して集約されたナレッジをリアルタイムに活用できるようになることを期待しています。営業がメール、顧客から依頼されたセキュリティシートなどへの回答文章、作成する提案書、RFPへの回答書などを作成しようとする際に、必要な回答を簡単なコマンドを打ち込むだけで呼び出せるようになります。グロースアセットを顧客への価値に変換することでレベニュー成長を実現していくというRevOpsの存在意義の典型例となりうる取り組みの第一歩です。

■情報のサイロの解消

購買活動は直線的なプロセスではないことはすでに触れました。営業が実施していることを営業しか知らず、マーケティングが実施していることがレベニューサイクルの中の他の部門が関与している領域に影響するかもしれないのにマーケティングに閉じた情報になっている場合、顧客は残念な体験をすることになってしまうでしょう。マーケティングが取得している情報を営業やカスタマーサクセスにもわかるようにするだけで、その情報はより価値がある（収益化する可能性がある）ものになります。特にABMの取り組みでは匿名のエンゲージメントデータをCRMに統合することで、アカウントへのペネトレーション活動を最適化することが可能になります。

■テクノロジーのサイロの解消

フィールド組織を支援するテクノロジーは多岐にわたり、企業によってはこれからもまだ増えていくでしょう。例えば、CRM、セールスイネーブルメントシステム、セールストレーニングシステム、コンテンツ管理システムがバラバラに存在し、個別にアクセスしながらしか情報が得られない場合、マネージャーもメンバーも多くのリソースを分断されたワークフローの中で浪費することになります。ワークフローはシンプルであればあるほどよいです。複雑なワークフローのシンプル化の余地を模索することで、フィールド部門の生産性の改善に寄与できます。

■既存の人的リソースの価値最大化

人材の入社後活躍や、定着化は言うまでもなく重要です。オンボーディング含め学習と育成のプロセスを統合し、適切なイネーブルメント機会を提供します。トレーニング、営業やカスタマーサクセスの場合には特にバリューセリングなどの営業方法論インストール、コーチングなどにより、自社のフィールド部門の中で定義された一人前の状態に早期にランプアップできるようにオンボーディングを仕組み化します。

セールスプレイブックの策定、コンテンツやアクションのレコメンデーションなどのイネーブルメント支援、営業やカスタマーサクセスの活動状況とパフォーマンスを関連付けて分析しそれぞれにとって必要なトレーニングやコーチングでの支援を実施します。離職率が上昇すると利益率は当然悪化します。既存の人材のパフォーマンス向上に投資をすることはレベニュー成長において不可欠です。

05 企業の組織規模や事業フェーズによる取り組み方

企業規模ごとの違い

RevOpsは企業規模問わずどのようなビジネスにも有効です。本書ではB to Bビジネスを前提に記載していますが、B to Cなど異なるビジネスモデルでもRevOps組織は存在しています。組織内のすべてのプレイヤーがマーケティング、営業、カスタマーサクセスのパフォーマンスにおいて継続的、抜本的さらに変革的なプロセス改善の仕組みを確立することで価値を創造します。

とはいえ、企業にはそれぞれの状況に応じてユニークな要素は存在するものです。また、どのような企業規模や成長フェーズであったとしても、変革はトップの強い当事業意識から始まります。チェンジマネジメントを現場に委譲しても、トップのスポンサーシップなしには乗り越えられない障壁は多く存在することも事実です。

本節では大きく大企業と中小企業に分けてRevOpsの取り組み方について紹介します。この分け方で画一的に当てはまるということばかりではない前提で取り組みの参考になる要素をキャッチしていただければと思います。

大企業におけるRevOpsの取り組み方

組織が大きく複雑な場合、規模を拡大しながらさまざまな変化に迅速に対応することは容易ではありません。市場の変化への順応、競合の進化への対応、新規事業の取り組みなどの課題があるでしょう。成熟したプロセスや多額の予算がある一方で、旧来の非効率なプロセスからの変革に前向きになれなかったり、過去からの付き合いでテクノロジーを選定したり革新的な取り組みに至りにくいカルチャーもあるかもしれません。

規模が大きく縦割りで機能がサイロ化している、過度に複雑なテクノロジーポートフォリオ、点在する顧客データという課題がある場合、変化の激しい時代への適応を迅速に実施できず、成長が鈍化していってしまいます。**この場合の取り組みテーマはシンプル化になります。**最も収益性の高いセグメントやアカウントに対して優先的にリソースを再設計してください。RevOpsは既存のテクノロジー、データを再評価し、冗長や過剰なコストの削減余地を特定し、不良資産の削減によるコスト圧縮を実施します。加えて、旧態依然としたプロセスをシンプル化しながら、テクノロジーポートフォリオの接続を含めたビジネス要件を整理します。潜在的に拡大が見込めるセグメントやアカウントについてインサイトを活用できるようにテクノロジーポートフォリオを見直したり、営業コンテンツの整理やチャネルの最適化にも取り組んだりする余地があります。

　新規事業の成長に課題がある場合、既存事業からのクロスセルを実現するための体制や新たなレベニュー組織体制への対応が遅れると新規事業の成長速度が期待以下となる可能性があります。**この場合の取り組みテーマは組織的なＡＢＭのアプローチとレベニューイネーブルメントになります。**ＧＴＭ戦略で策定された新規事業のターゲットオーディエンスを既存顧客からノミネートし、レベニュー組織のリソースを戦略的アカウントからのクロスセルに集中させてください。RevOpsはレベニュー組織が、新規事業の製品の販売に必要なスキルや知識を身につけられるようにイネーブルメントを実施します。同じ企業規模の組織への営業であったとしても扱う製品の市場フェーズによってセールスプレイは大きく異なります。適したセールスメソドロジーのインストールやレベニュー組織間の連携が重要になるでしょう。また、ABMを司るテクノロジーとCRMとの連携も不可欠です。

サブスクリプション型ビジネスを導入している企業の場合には、リテンション率の維持向上が課題になってくるでしょう。レベニュー組織の各部門は新規の受注に加えて継続によるLTVの向上にも意識を向けていく必要があります。この場合、カスタマーサクセスの役割を新たにもうけていくことにもなるでしょう。サブスクリプション型ビジネスでは長期的なスパンでの収益化を目指すビジネスモデルのため従来のビジネスよりも長期視点での投資回収になります。営業はセールスサイクルを従来よりも加速することが求められるため、RevOpsは新たなセールスプレイや見るべき指標の整備も必要になるでしょう。また、リテンション率向上のために人力と自動化を組み合わせたカスタマーサクセスオペレーションモデルの設計構築も求められます。

大企業においてよくあるケースを踏まえた注意点は次のようなものがあります。

■入力が不正確だと正しい判断はできない

マーケティングアトリビューション、フォーキャストマネジメント、顧客エンゲージメントツールなど、世の中にはすばらしいサービスが増えてきています。

しかし、大きな組織でよく見られる大きな誤りの1つは、高価なツールを導入さえすれば既存のテクノロジーに統合され、これまで自社で得ていた情報よりも優れた情報を出力してくれると思い込むことです。実際にこれを実現するには、**データの重複排除、統合、関連オブジェクトの紐づけなど、データ管理ツールに十分投資し、関連するすべてのツール間でデータが完全に統合されている必要があります**。これには多くの時間とスキルが必要ですが、正しいインサイトを得るためには必要不可欠です。広告費やWebの行動データなど、企業と個人のデータを関連付ける方法が備わっていないマーケティング分析ツールを利用すると（特に高価なものを使っていれば）結果的にコストが無駄になります。

また、CRMの活用度も重要です。システムが使いにくかったり（検証ルールが多すぎたり、フィールドが散在していたり、プロセスフローが不便だったり）、管理職がCRMの利用を徹底していなかったり、報酬体系にCRMの利用を求める要素がなかったりすると、CRMの利用率は低くなります。機械学習を活用した高価な売上フォーキャストツールを導入しても、営業部門がCRMに正しくデータを入力しなければ価値を発揮しません。

■レポーティングの役割をすべて外出しにしない

レポーティングはシステムが大きく関わる領域であり、どの部門がオーナーシップを取るかは非常に悩ましい問題です。IT部門にレポーティングを集中させると、ビジネスサイドではデータの正規化するために何百行ものSQLコードを書く必要がなくなります。しかし欠点もあり、新しいシステムを追加するたびに、システム間の連携に何週間も待たなければなりません。CRMやMAの修正には、複数の部門間での細かな調整が必要だからです。

レポーティングを専門に行うビジネスインテリジェンスチームがあれば理想的ではありますが、ビジネスサイドの誰もがこの領域の専門家になることは不可能です。BIチームがビジネスサイド専用の担当者をおき、ビジネスプロセスと状況を学びながら進めるか、ビジネス側のチームのアナリストがデータを調査できるようにする必要があります。できれば後者の方が、アドホックなニーズにも迅速に対応できるため、好ましいです。

中小企業におけるRevOpsの取り組み方

中小企業のRevOpsは、システムやオペレーションなどあらゆる観点で一から基盤を作り上げていく必要があります。一方で、予算やリソースには限りがあるため、すべてのものを最良な形に仕上げることには限界があります。**現時点のビジネスに必要なものは何かを意識しながらRevOpsの業務を進めていくことが重要です。**

自社製品の価値提供可能なターゲットオーディエンス（製品やサービスの受け手として定義されている特定のグループ）に対して一貫性を持ち、一定の受注率でマーケットを広げていくことに苦戦している、単価を向上しながらスケールすることに苦戦している場合には、テリトリーの焦点を定めたうえで、レベニューリークを防ぐ最適化が必要になるでしょう。営業リソースの配置を効果的に実施するために、分析データにもとづいてロングテールを排除するなど潜在的な可能性を踏まえた優先順位づけを実施します。レベニュープロセスにおけるリードハンドオフプロセスの見直し、テクノロジーのサイロ化による業務プロセスの非効率性などを排除し、少ない人的リソースで効果的にマーケット開拓ができるように支援します。企業のフェーズによっては、外部人材にRevOpsの立場でのオペレーションモデル構築支援を外注するなど、必ずしも社内リソースを前提とする必要はありません。

中小企業の場合、マーケティングと営業による市場開拓が順調に進んだ先には、リテンション率が課題になってきます。カスタマーサクセスオペレーションモデルの設計構築が重要なのは大企業のケースと同様ですが、小規模企業の場合にはレベニュー組織全体を統括できるCROを配置するのもRevOpsを有機的に機能させるためにも有効な戦略でしょう。

中小企業においてよくあるケースを踏まえた注意点は次のようなものがあります。

●技術的負債への対応の優先順位を高める

これまでその場しのぎでテクノロジーを使ってきた場合、多くの改修項目があることでしょう。中には軽視できず迅速に解消しなければいけないこともあります。これまでCRMのエクスポートやエクセルファイルを使って売上を管理したり、毎月、時間をかけて複数のマーケティングシステムからデータを手作業でマージしたり、レポーティングソリューションを購入せずに、オブジェクト結合に制限のあるCRMレポートで何とかしようとしている企業を多く見てきました。RevOpsによるプロセス改善のインパクトを経営層に理解してもらうのは時に困難です。経営陣を説得する際は、積み上がった技術的負債への対処を先送りし続けた場合、どれくらいの機会損失となるかを計算し証明すると効果的です。

● 古いソリューションに執着しすぎない

既存のソリューションの限界を感じている方も多いでしょう。新しいものに切り替えるのは大変に見えますが、同時にテクノロジースタックを改善しないとスピーディにビジネスを拡大する機能を失うことになりかねません。適切な判断ができるよう、随時検討していくことが必要です。

企業のフェーズに応じてRevOpsに求められる役割が変わってきますし、立ち向かうべき問題も異なってきます。それを理解したうえで自らに求められるものが何かを考えながら業務を進めていければ、ビジネスやチームへの貢献が進み、信頼されるRevOpsとしての立ち位置を確立できるでしょう。

インタビュー

RevOpsのプロフェッショナルをつなぐコミュニティ

――RevOps Co-op（レブオップス・コープ） マシュー・ヴォルム

マシュー・ヴォルム

RevOps Co-op（レブオップス・コープ）創設者 兼 CEO

複数のスタートアップでBizOpsおよびRevOpsを担当した後、RevOpsにポテンシャルを感じ起業。その後コミュニティ運営に事業シフトしRevOpsの最大級のコミュニティを運営。カンファレンス開催や情報発信の他、複数のスタートアップ企業においてアドバイザーとしても活躍する。

■レブオップス・コープについて

レブオップス・コープは2020年に始まった取り組みです。私はRevOpsを担当した経験から、当時RevOps関連のSaaS製品を提供するスタートアップを経営しており、ターゲットオーディエンスであるRevOpsが抱えている問題や興味関心事項を把握し、関係を築き製品に付加価値をつけるためにレブオップス・コープを立ち上げました。

ＳａａＳ製品においてはピボットを繰り返し複数の市場でテストしましたが、プロダクトマーケットフィットを達成することに苦戦していました。一方で、RevOpsとして働いている方々は業務の相談相手や、同業者とつながりたいという気持ちが強く、コミュニティの反響が大変高かったため、2年ほど前にコミュニティ運営一本に集中することにしました。当初はニュースレターやSlackグループの運営を中心に行っていましたが、現在では世界中に支部を持ち、オフライン／オンラインイベント、教育プログラム、レポートやブログなどのコンテンツ提供、有識者へのインタビューなどを行い、コミュニティメンバーは日々成功体験や失敗体験、直面している課題を共有し、活発なコミュニティとなっています。

■ 広がるRevOps

米国のＩＴ業界においては長いことRevOpsが語られてきましたが、昨今ではその急速な広がりを感じます。現在約１万３０００人の会員（２０２４年5月取材当時）がいますが、これまではＩＴ／ソフトウェアに携わる会員が約８割を占めていました。しかし、新しい会員が増えるにつれ、この割合は65％となりました。RevOpsは製造業やホスピタリティ、コンサルティング、ヘルスケア、リテール、金融サービスなど多岐にわたる業種業界へ急激に拡大しているのです。

また、RevOpsは比較的新しいコンセプトを積極的に受け入れる中小企業において初期の広がりを見せましたが、現在では会員の３分の１が大企業となっています。米国以外を拠点とする会員の増加も顕著です。ブラジル、ロンドンなどのヨーロッパ各地、オーストラリア、シンガポールなどのアジア各地から新規会員が参加しています。この勢いが止まることはないでしょう。

■スタートアップや中小企業における RevOps構築までのプロセス

スタートアップなど小規模なチームにおいては成長スピードによって組織の形が頻繁に変わります。そのため、**RevOpsを構築する際に考えるべきことは、RevOpsを専任の担当者やチームとしてではなく、1つの責任として捉え、その内容を明確化することだと思います。**私はRevOpsの責任は、事業の収益成長を促進するために人材、プロセス、テクノロジーを管理することだと考えています。

この責任は従業員数名規模の市場に参入して間もないようなスタートアップでは、CEOにあるのかもしれません。その後、最初の営業担当を雇ったタイミングではRevOpsの責任は営業担当に置くことが多いと感じます。そして、最終的にマーケティングやカスタマーサクセスを採用し、MOps, SalesOps, CSOpsというようにRevOpsの責任が分担されていくでしょう。その後、最終的にはそれらを統合するRevOpsの専任を置き、会社の成長に合わせてチームを構築していきます。

RevOpsの責任は、市場で収益を上げようとする企業には必ず存在します。**重要なのはRevOpsが必要か否かではなく、企業の成長カーブに合わせてその責任を適切な担当者のもとに置き、RevOpsチームや機能を成長させていくことです。**

■ RevOpsに求められること

レベニューは、受注金額などの目先の数字ではなく、財務諸表の売上高として認識することが重要です。

例えば、ある四半期に営業部門が目標の150%を達成したとしても、CS部門が顧客を成功に導けないと解約が多く発生し、財務諸表上の収益がプラスになることはありません。さらにマーケティング部門がパイプラインや需要創出の目標を達成できないと、今期大成功を収めた営業チームが、来期はかなり厳しい状況に置かれることになります。

この例からもわかるように、レベニュー部門全ての足並みがそろっていないと最終的な目標は達成できないのです。これらを統合して定点的に分析し、調整弁として働くのがRevOpsです。特に市場や経済がここ数年で世界的に変化したため、顧客維持や収益維持に注目が集まっています。オンボーディング、カスタマーサクセス、アカウント管理、顧客との関係管理など、販売後のプロセスのあらゆることをマーケティングや営業と統合し、最適化することが注目されています。

■ RevOpsチームを立ち上げる組織へのアドバイス

自社でRevOpsチームを立ち上げる際は、RevOpsにどのような意味や責任を持たせるかを書き出してみましょう。ポイントは小さく始めて、後々成長して拡大できる体制を持つことです。

成熟したRevOps組織になるまでには流動的な体制とプロセスが必要となります。経営層から賛同を得るのが難しいケースでは、多くの場合「データを根拠として示して説得する」といわれますが、ベースとなる過去データがなければ難しいでしょう。RevOpsの効果の多くは効率化から生まれるものです。初めての取り組みの場合は、どうしたらMQLからオポチュニティへとコンバージョン率を向上させることができるか、そしてそれによって新規商談の成約率にどのような影響を与えるかなど、特定のケースで与えられる影響をベースに納得してもらうようにするとよいでしょう。

第7章

AI時代に向けてますます重要性が高まるRevOps

01 現代のレベニュー組織におけるAI活用

AIが創造するインパクト

AIが個人、そしてビジネスに与える影響は読者の皆さまもすでに実感していることでしょう。本章では現状レベニュー組織で使われているAIのユースケースや、今後期待されているAIの活用方法をご紹介します。

マッキンゼーが2023年6月に発表した調査※では、生成AIだけでも世界経済に数兆ドルの価値をもたらす可能性があると指摘しており、**生成AIユースケースが創造する価値の約75%は、ソフトウェアエンジニアリング、研究開発、カスタマー業務、マーケティング・セールスの領域に集中する**としており、まさにこの大きなイン

※出所：マッキンゼー" The economic potential of generative AI: The next productivity frontier"

■ 図7-1：生成AIが生み出すインパクト

わずかな機能でも生成AIを使用することで、企業の潜在的なユースケース全体において、テクノロジーのインパクトの大部分を促進することができる。

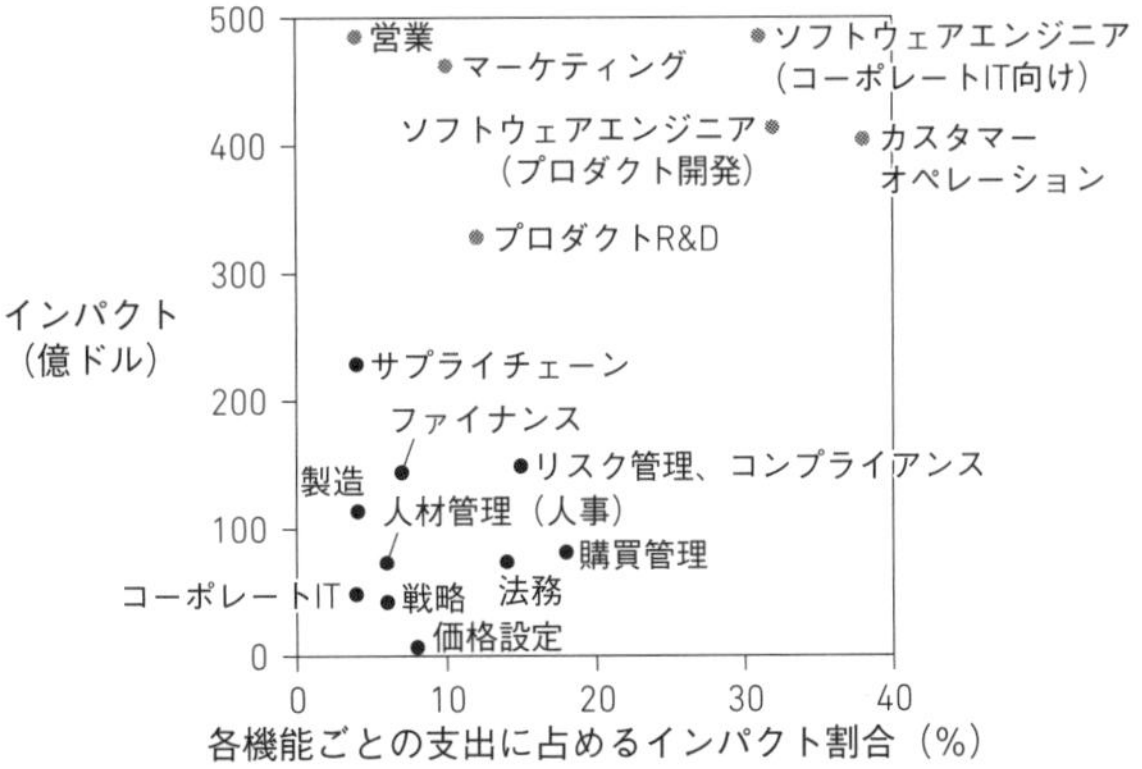

補足：ソフトウェアエンジニアを除きインパクトは平均です

出所：マッキンゼー"Using Generative AI in just a few functions could drive most of the technology's impact across potential corporate use cases"

パクトを享受するのはレベニュー組織そのものだと言われています（図7―1）。さらに同調査では、２０１７年時点で「ＡＩが人間のパフォーマンスを超えるか」という問いに対して言語理解やクリエイティビティなどの分野において２０６０年ごろが見込まれていましたが、２０２３年時点では調査対象としていたほぼすべての分野において２０３０年ごろには人間を超えていくという予想に変わっています。

今後、レベニュー組織の一部はＡＩによって置き換えられていくことは明確でしょう。

02

レベニュー組織でのAI活用ケース

では、今日のレベニュー組織においてどのようなAI活用ケースが見られるでしょうか。

最近の海外のカンファレンスやイベントでもAIの話題は必ず挙がりますが、現在のAI活用のほとんどは、コンテンツやクリエイティブの作成、商談や顧客のオンボーディングやミーティングの議事録作成、要約、自動フォローアップメール作成などのタスク、そして各ツールのAI機能の活用に留まっています。留まっていると言っても、これらの作業はとても重要ながらも労力がかかる割にその収益に対するROIをすぐに数値化するのが難しく、生産性の高い活動とは言えない面もあったため、そのビジネスインパクトはすでに大きいと言えるでしょう。**それぞれの領域におけるAI活用をご紹介します。**

■マーケティングにおけるAI活用

ガートナーの2024年の調査※によると、マーケティングは他の部門に比べてすでに生成AIを取り入れている、もしくは直近6か月以内で導入予定があると答えた割合が15%高いという結果が出ているほど、その活用は一番発展しています。

データベースの表記揺れをAIで補正したり、見込み顧客の判定にAIを使ったりと用途はさまざまですが、中でもコンテンツやクリエイティブ等の膨大なパターンに個別対応できるパーソナライゼーション機能が飛躍的に進化しています。これまではパーソナライゼーションを実現するために多くの設定やメンテナンスが必要でしたが、AIと自動化を活用することで容易に実行できるようになります。

実際の運用もずいぶん進んでいて、2023年11月にカリフォルニア州アナハイムで行われたMOpsのカンファレンスでは、ChatGPTとマーケティングオートメーションを連携し、既存リードの行動をトリガーに、その行動内容を踏まえたメールの文章を自動生成、送信したことにより開封率、返信率などのKPIが一律向上したことが発表されていました。また、2024年6月にコロラド州デンバーで行われたGartner Marketing Symposium 2024においては、マイクロソフトのCopilotを使用して

※出所：ガートナー“Generative AI 2024 Planning Survey”

「新製品Xのマーケティングプランを計画して」というプロンプトから、使用するべきチャネル、それぞれにかけるべき適切な予算、メッセージングなどを自動生成して、数名のマーケティングチームで活動量を飛躍的に伸ばした中小企業のユースケースも紹介されていました。

もちろん偽の情報を発信してしまうリスクや、自社の戦略やブランディング、方針には注視する必要がありますが、このような活用はどんどん進んでいくことでしょう。

デジタルコンテンツが需要を大きく超過した状態で供給される現象を表す、コンテンツショックという言葉がありますが、まさに今後のAIの時代においてはこれが一段と進み、コンテンツ1つあたりが生み出す収益効果は下がっていくのに加え、オンライン広告などの効果もこの影響を受けるでしょう。

数年前まではこれらの課題を乗り越えていくために専門性と品質の高いコンテンツを作成することが重要だ、という見解でしたが、生成AIの浸透で当時想定したよりはるかに速いスピードでコンテンツが生成されているため、マーケティングの主要活動の変化を想定し準備をしていく必要があります。需要を超えるコンテンツが自動的に量産される世界の中では、プッシュ型のアプローチの効果がどんどん低下していく、と著者は予測しています。興味関心事項に合わない一方的なメール送信などはすでに

■ 図7-2：リスティング型の検索インターフェースでの生成AI活用

高い確率で迷惑メール判定されるようになってきていますが、今後はＡＩエージェントからの電話も同じようになっていくでしょう。

このような世の中では、あらゆるチャネルでプッシュされてくるメッセージに反応しない層が一定の割合で増えていきます。一方で自分が信頼できるＡＩエージェントに数多くある情報の中から、自分に最適な情報を選別して、教えてもらうというプルの活動は今後も増え続けると想定されます。

この動きを象徴するのが、グーグルです。彼らはさまざまなＡＩサービスの展開を始めていますが、中でもリスティング型の検索インターフェースからChatGPTのような1対1の対話型のインターフェースに本格的に移行し始めています（図7-2）。

つまり消費者はプッシュからプルへ、そしてＡＩの発展とともに自分に最良な答えをくれるＡＩエージェント経由で情報を消費していくように変化していくのではないでしょうか。数年後の未来にはマーケティング対象が人間ではなく、ＡＩエージェントになっているかもしれません。こんなことが予想されるこれからの時代、ＡＩの学習源となるユニークなデータセットの重要性はどんどん高くなることでしょう。

■営業とインサイドセールスでのＡＩ活用

営業、インサイドセールスのエリアでもその活用はさまざまです。現状ではすべての顧客との接点において自動で議事録を作成しその内容をＳＦＡに自動記録したり、その会話内容を評価したりして担当者のコーチングに使用するといったようなユースケースは多く出ていますが、さらに見込み顧客とのコミュニケーションを人間からＡＩに代替するという取り組みも始まっています。

これまではチャットボットをＡＩで対応するようなケースは多くありましたが、電話でのコミュニケーションも代替する動きが出ています。現在のテクノロジーレベルに興味がある方はぜひ、Sela（https://www.trysela.com）というＡＩエージェントと会話をしてみてください（日本語未対応）。BtoBのインサイドセールス・営業エージェントとしてトレーニングされているSelaと著者が5分ほど会話し、「リードクオリフィケーションを効果的にしたい、インテントデータの活用を考えているがデータプライバシーも気になる」と伝えたところ、インテントデータを収集できるデータソースや、データプライバシーについての詳細、インテントの高い順に営業へアサインできること、どのインテントシグナルがビジネスに最も重要か、データをもとに学習できることなど、架空の自社のケイパビリティを説明してくれたうえ、人間の営業担当とのアポイントをとってくれました。このようなＡＩエージェントは、特に専門性の高い領域で営業人材の不足が深刻な企業では現実的な解決策として挙げられるでしょう。

インサイドセールスにおいてはリードクオリフィケーションでもＡＩが活躍することでしょう。これまでリードの判定はマーケティングがルールベースのスコアリングなどの機能で行ってきましたが、今後はＡＩがさらに複雑なロジックでスコアリングする可能性があります。

また、見積もり作成や出荷オーダー作業などを営業担当が実施するのではなく、営業が指示を出せば、ＡＩエージェントが見積もりを作成し、顧客に送付、そして発注があれば出荷指示を営業の代わりに出すということも行えるようになるでしょう。これらのメールでのやり取りには、常に営業担当がCCに入っており、何かエラーがあったときだけ人間が動くというような形に進化していくでしょう。

同じように単純なデータ入力・処理の仕事は、AIと自動化ツールによって代替することが可能です。これまで面倒だったデータ入力作業やデータ入力による作業ミスなどの自動補正、簡単な文章の作成、そして翻訳などはどんどんAIに代替されていきます。

■カスタマーサクセスでの活用

カスタマーサクセスにおいては、営業と同じくチャットボットはもちろん、会話形式の顧客対応の一部はAIで対応できるようになるでしょう。基本的な顧客対応業務が自動化されることで、カスタマーサクセス担当者は顧客満足度向上のための業務に集中できるようになります。

また、これまで顧客側からのリクエストに受け身で対応していたカスタマーサポート業務もAIを活用することで自発的にサポートを提案できるようになります。また、製品データなどから既存顧客の解約リスクをスコア化し、カスタマーサクセス担当がリスクの高いアカウントを手厚くケアするような動きも実際に多くの企業で運用されています。ＡＩを活用することで顧客との通話、メールのやり取り、サポートチケット、チャットボットでのやり取り、製品活用頻度など、より幅広いデータセットを活用し、断片化されたデータを統合したうえでヘルススコアをつけることができます。また、現在起きていることだけではなく、過去データから解約リスクを予測することも可能なため、手遅れになる前にカスタマーサクセスマネージャーのリソースを確保したり、顧客とエンゲージメントをとったり、積極的にサポートできるのです。そのほかにも、特にソフトウェアでは顧客オンボーディングをＡＩ駆動のワークフローでデザインしたり、製品の活用傾向から、レコメンデーションを自動生成したりするような使い方も進んでいます。

■ RevOpsでの活用

マーケティングからカスタマーサクセスまでレベニュープロセス全体を管理するRevOpsにおいては、上記でご紹介したすべて、そしてそのデータ分析の効率化と精度向上にＡＩ活用がされています。複数部門が使うツールからデータを抽出しそれを分析することで、レベニュープロセスの最適化を図っているわけですが、これらのデータ収集、加工、保管、分析は大変複雑です。そのため、データサイエンティストなどの専門家をおいて対応しているケースが多いものの、優秀な人材は枯渇している上コストも高いため、これらの一部をＡＩで代替する動きが出ています。どのようなデータからどのようなインサイトを導き出すべきか？といった思考や経験はデータサイエンティストやリサーチャーに頼り、データを可視化する、または一般に公開されているようなデータからインサイトを導き出すようなことはＡＩで対応するというアプローチが一般的のようです。

本格的なＡＩ活用の先にあるもの

ＡＩ活用はまだ始まったばかりで、今後もますます広がっていくことでしょう。その便利さやビジネスに与える影響の大きさは言わずもがなですが、現在グローバルのリーダーたちが対策を始めているのが、このようなＡＩ活用が本格的になった後の人材や組織の運用方法です。

ＡＩと人材の相互依存が起きる時代の中、生き残った生身の人材の課題となるのが論理的、倫理的、戦略的、科学的スキルの低下です。これからの時代、ＡＩを使うのが当たり前の世の中になると、ＡＩが生成したコンテンツを日常的に目にし、使うことが予想されます。一方でその内容が事実とあっているか、その裏付けや論理的思考を求められる場が少なくなります。グーグルマップが普及したことで紙の地図を読むスキルが薄れている今と同じように、各領域における論理的思考能力などを行う筋肉が退化していくことが予想されているのです。そのため、グローバルのリーダーたちはこれらのスキルを継続的に保持するためのトレーニングや、リスキリング計画を立て始めています。つまり、レベニュー組織のどの領域でも実務業務の多くがＡＩに代替されていく中で、キャンペーンの実施や勝ちパターンの探索などよりも、戦略戦術の構築などの管理者としてのスキルを身につけていく必要があるのです。

ＩＢＭ社が２０２４年に行った調査※では、ＡＩの活用が広がることにより労働人口の40％をリスキリングする必要があると予測しています。雇い主側も、従業員側もテクノロジーの使い方はもちろんのこと、生身の人材価値や活用方法も見直し、適切なリスキリングを早めから始めることが重要なのではないでしょうか。

※出所：IBM”Augmented work for an automated, AI-driven world” https://www.ibm.com/downloads/cas/NGAWMXAK

03 レベニュー組織におけるAI活用の展望

データの価値の変化

AI時代の到来でデータの価値は高くなりそのデータをいかに効果的に活用できる状態で維持するかが非常に重要なテーマになります。データの価値は、単純に分析する、生産性を改善するための自動化を図るという間接的かつ機能的なものだけではなく、**消費者とのコミュニケーションチャネルそのものとして機能することも考える必要性が出てくるでしょう**。もちろんこれらの実現にはまだまだ時間がかかることのようにも思いますが、技術的には理解し、研究活動や、事前準備はしておく必要があります。

テクノロジーの進化は非常に速いスピードで変化しますが人間社会、会社組織はそこまでのスピードで変化できません。最先端のテクノロジーを会社に取り入れていくためには、先々まで考えておかなければ、競争優位性を保つことは難しくなります。そんな中、海外のカンファレンスなどでは今後のレベニューチームそしてRevOpsの取り組みが大きな議題になっています。

自社の活動や過去実績などをＡＩに学習させ、マーケティング活動の最適化、データ分析やビジュアライゼーション、ＡＩセールスやカスタマーサクセスの立ち上げなどの活動を推進するためには正しくデータを処理するプロセス、データ保持のための正しいインフラストラクチャー、そしてそれらを正しく管理できる環境が必要です。そして自社のユニークなデータを使って、競争に勝ち続けるためには、一貫した顧客体験を提供する必要があります。マーケティング、営業、カスタマーサクセスのデータが分断された状況ではＡＩの学習の妨げになるため、一貫した顧客体験を提供するためには統合が必要不可欠となります。RevOps組織がMOps, SalesOps, CSOpsに点在するデータの統合を検討しているのは単なる全体最適化だけではなく、ＡＩの適用という目的もあるのです。

第３章、「Single Source of Truthの構築」では、部署を横断したSource of Truth と

してＣＤＷやＣＤＰを活用しようとしている組織が増えているとご紹介しました。この流れは一元管理することで参照源のデータをそろえ、データの認識のズレや技術的負債を最小限にするという背景もありますが、今後活用が指数関数的に増えるＡＩの学習もととなるデータを一元管理することでＡＩの個別学習を防ぐといった背景もあるのです。

というのも、昨今のテクノロジーツールにはそれぞれＡＩ機能が備わっており、このような部門横断的な仕組みがない場合、マーケティングはマーケティング内のデータ、営業は営業のデータ、カスタマーサクセスはカスタマーサクセスのデータのみで学習を進めてしまいます。レベニュープロセスを通したデータをもとにＡＩを学習させることで顧客体験により忠実なデータを得ることが期待されています。

04

AI時代におけるRevOpsの価値

爆発的に増加するテクノロジーとそれをマネジメントする仕事の増加

AIの発達で、これまで開発に時間を要していたツールやアプリが簡単に構築できるようになりました。コーディングと言われるプログラミング作業は、Codex（コーデックス）などのファンデーションモデルの登場で、生産性が劇的に向上しています。

これらのテクノロジーやデータを統合的に管理し、最適なデータセットをマネジメントするスキルはかなり専門的な仕事として海外では捉えられています。またこのようなことができる人材の育成は急務なのですが、まだ「片手間でシステム導入をしています」という方が多かったり、IT部門がすべてのシステム権限を持っていて、ビジネスサイドの要求が理解されないなどの問題を抱えたりしています。

これらのテクノロジーのマネジメントに関しては、ＳａａＳサービスの登場で、ビジネス部門に移管してきています。その結果MOpsやRevOpsというチームが誕生してきているわけです。もし現在もＩＴ部門でシステムを一元的に企画・設計・管理まで行っている場合は、レベニュー組織と棲み分けを検討していく必要があります。

これらの時代において、ＩＴ部門のセキュリティやガバナンスなどの仕事の重要性が増しています。年々企業のセキュリティリスクは増大しており、その対応だけでも非常に重要かつ大きな仕事になっています。

ＳａａＳやテクノロジーの進歩で、セキュリティ対策などはある程度、ベンダーが実施してくれると行っても、企業としてセキュリティレベルを担保し、安全なテクノロジーを適切なガバナンスのもと導入していくことは求められます。レベニュー組織は基本的には、レベニューアップのことを主眼に物事を進めますので、ＩＴ部門はセキュリティやガバナンスを通じて企業成長を支援する必要があります。その仕事自体が大変大きなものになっているというのが先ほど述べたことなのですが、さらに近年、序章でも述べた通り、ＰＬＧの製品が増加しており、企業の意思決定とは関係のない中で、膨大なアプリが社員個人個人から入ってくるということが起きています。

これらのアプリすべてを管理することは、物理的に不可能な部分もありますが、これらがリスクになってくる可能性もあります。またこれらの想定していなかったアプリが企業のセキュリティリスクとなることや、サーバーリソースを食い続けるようなことも可能性としては考えられます。こういった想定外のＳａａＳ製品の導入などをシャドーＩＴというような言い方もされますが、２０２４年にProductivが発表したレポート（2024 SaaS Trends – Growth）では、シャドーＩＴの割合は減少し、ガバナンスの改善を示唆しています。２０２２年に最高を記録したシャドーＩＴアプリは53％から48％に減少しているようです。

テクノロジーの増加に伴い、ＳａａＳのガバナンスをより強化し、不要なＳａａＳを削減するという取り組みが増加しており、同レポートでは、企業内に存在するＳａａＳの数は２０２２年の平均３７４アプリから２０２３年は平均は３４２アプリに減少したとレポートしています。約10％のＳａａＳアプリを1年で削減したことになりますが、こういった要不要の妥当性判断など含めたガバナンス体制、セキュリティの高度化、データインフラストラクチャーレイヤーでのマネジメントなど、ＩＴ部門の仕事も年々その複雑性と高度化が進んでいます。攻めのRevOps、守りのＩＴ部門の協業が求められています。

■ 図7-3：学習内容のサイロ化の課題

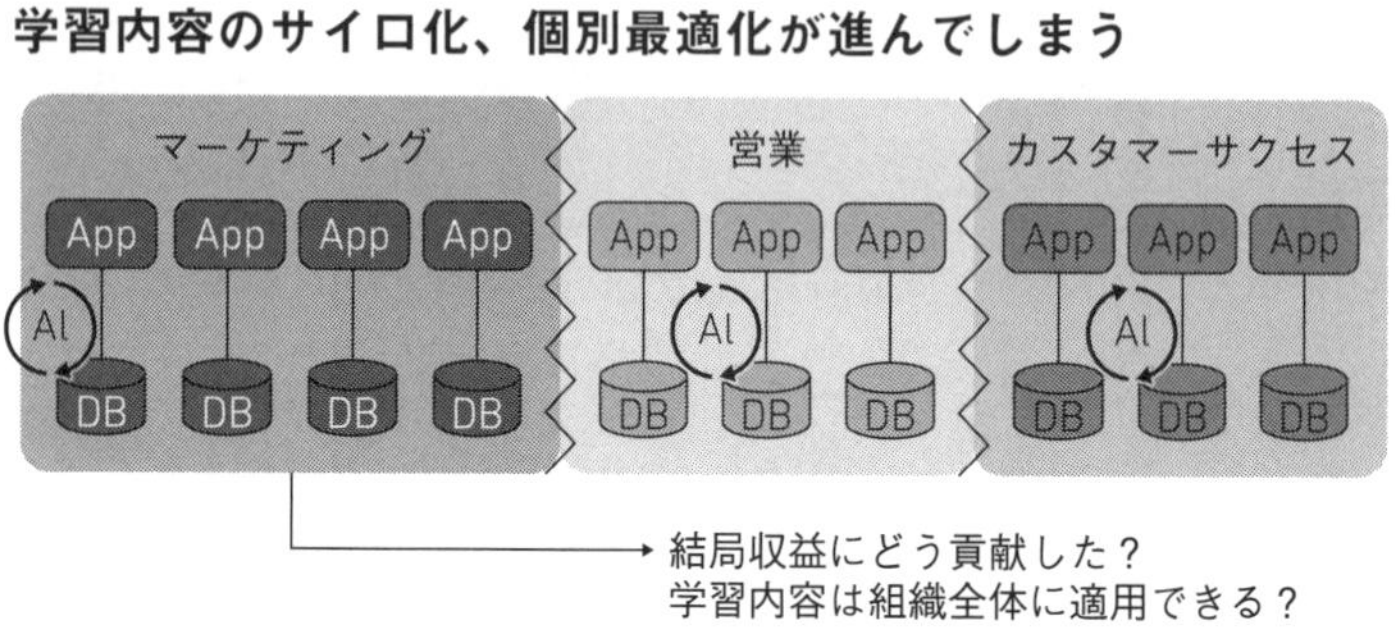

RevOpsが目指すデータマネジメントモデル

RevOpsはレベニュー組織内に点在するあらゆるデータを統合すること、それらの必要性に関しては、これまで述べてきた通りです。ＡＩ時代に向かって直ちにRevOpsが取り組むことはサイロ化をなくし、レベニュー組織全体において最適なデータモデルを構築することです。もしこの課題を放置してしまうと、マーケティングはマーケティング、営業は営業、カスタマーサクセスはカスタマーサクセスといったように、個々の業務に最適化されたＡＩの学習が進んでしまい、ＣＲＯが目指す統合されたレベニュー組織のそれとはかけ離れたものになってしまいます（図7–3）。

また、最初の収益ゴールである受注、最終的な収益ゴールである顧客のロイヤルティ化など、それぞれの実施した内容が、最終的な成果とどのように結びついたのか？というデータも統合されていないと結果として正しい学習にはならないはずです。

このような問題を解決するべく、分断されたテクノロジーを統合する動きが活発になってきています。

05

日本企業が機会を損失し続けた20年とその原因

海外のRevOps関連のテクノロジーベンダーを経営する方とお話しすると、日本のDXが遅れていること、そして現在の日本の状況を鑑みて、進出の優先順位は高くないと話す方もいます。日本は以前より劣るといえども、経済の面では大国です。ところが、**海外のテクノロジーベンダーから魅力的なマーケットに見えないのは、言語の問題、成長性など色々な要因がありますが、1つはテクノロジーの活用の仕方です。**

多くの日本企業が海外ＳａａＳのライセンスを購入するものの、その機能の一部しか利用できず活用が進まなかったり、費用対効果が合わないと感じていたりするなど、多くの課題を持っています。代表的なＳａａＳ製品にＣＲＭ製品があります。これらの製品はシステムとして利用することで得られる業務効率化のメリットと、製品を利用することで広がるエコシステムへのアクセスというメリットの2つがあります。後者のエコシステムの利用価値は忘れられがちですが、非常に大きなものです。例えば、セールスフォース社は世界中の主要なシステムとの連携コネクターをAppExchangeというサイトで公開し、非常に簡単にシステム連携ができるようにしています。連携開発にかかるコスト、そして、世界中のシステムで優秀なテクノロジースタックを瞬時に構築できることを考えると、そのメリットはとても大きいはずです。ところが多くの日本企業はこのメリットを享受できていません。

それは古いデータベースや習慣のまま、導入したＳａａＳ製品を自社なりにカスタマイズしすぎる企業が多くいるからです。システムにはそれぞれ、標準的な利用方法やベストプラクティスが存在します。これを無視して自己流でカスタマイズしすぎれば、先ほどの連携コネクターなどを利用する際にも問題を起こします。連携先の多くの企業は標準的な利用ケース、ベストプラクティスに沿ってコネクターを開発します。誰も独自性の高い開発をしているシステムを標準にして開発をしないことは想像できるでしょう。福田康隆氏のコラムでもあったように、標準化されている領域に独自性を加えようとすることは賢明とは言えません。実際、日本企業の多くは本来ワンクリックで連携が完了する作業を、非常に複雑な開発や時間を投じて行っています。これは決してサステナブルな状態ではありません。

ＡＩ活用が広がるこれからも似たような問題が起きるでしょう。近年、ＳａａＳの企業はＡＩ機能の搭載を進めています。このＡＩ機能の開発は当然ながら、ベストプラクティスに沿った標準的な利用ケースに焦点を当てて開発が進みます。そのため、ＣＲＭと同じように自社のシステムが大きくカスタマイズされた状態だと、使用しているツールにＡＩが搭載されてもこのメリットを享受できない可能性が高く、さまざまな可能性が狭まってしまいます。

自社でＡＩ技術を開発し、レベニュー組織に展開できる企業はごくわずかです。一企業がオープンＡＩのようなＡＩやシステムを開発すること、セールスフォースのような優れたＣＲＭを開発すること、Snowflakeのような優れたデータウェアハウスを開発することは非現実的です。

ほとんどの企業はＡＩが搭載されたパッケージ製品を利用することで、この課題をクリアしていくでしょう。世界でもトップクラスの企業が開発したＡＩのメリットを享受するためには、過去のデータにしがみつかず、業務プロセスの革新に挑む機会とする必要があるのかもしれません。ただ、これらのパッケージをうまく活用して、そこから導かれたデータやインサイトをもとにＧＴＭ戦略を見直したり最適化したりするなどの差別化は可能なはずです。標準化するべきところ、独自性を持って差別化ポイントとするべきところを見誤ると取り返しがつかないほど、余計なコストと時間を費やしてしまう可能性があるので注意が必要です。

これはレベニュー組織だけの問題でなく、組織全体の問題とも捉えられるでしょう。企業のデータ戦略の重要性は増しています。システムを刷新せずに、毎回多額のコストと時間をかけてデータ連携したり、つぎはぎでなんとか適応したりしていくのは、もはやサステナブルな事業戦略ではなくなっているのです。家の増改築や模様替えをし続けても基盤を変えなければ耐震性が上がらないのと同じで、今後のＡＩ時代に耐えられる、そして先を見越して能動的に対応のできる組織になるためには、家を建て替える意識で今後の運用方針を見直す必要があるのではないでしょうか。

インタビュー

エクスペリエンスデザインから始めるRevOps

――ソフトバンク株式会社　山田　泰志

山田　泰志

法人統括　コミュニケーションサービス本部　法人業務統括部
レベニューオペレーション室　室長

グローバルのAdobe Champion Programにおいて、2021年から3年連続でAdobe Marketo Engage部門で受賞。専門はB2Bマーケティングとミステリーハンティング。2023年10月からは社内のB2B事業部門でレベニューオペレーション組織を立ち上げ、B2B事業全般のビジネスプロセス、テクノロジー（システム）に関わる。

■レベニューオペレーション室設立までの変遷

2019年にソフトバンクに入社し、B2Bマーケティングの変革に関わる中で、2021年にマーケティングオペレーション室を設立しました。しかし、当初からマーケティング領域だけでは限界があることは想定しており、レベニュー成長を本質的に目指すためには、レベニュープロセスにおけるさまざまな対処が必要だと考えていました。そのため、2023年10月にB2B事業全体のビジネスプロセスやそれを支えるテクノロジーを全方位で担うレベニューオペレーション室を設立しました。

RevOpsは、マーケティングや営業、カスタマーサクセスなど収益に直接貢献するための仕組みを統合的に取り組むことが一般的です。しかし、受注や受注製品を届けるデリバリーなどを含め、あらゆる点をより強く結びつけることで、全体のパフォーマンスがより大きく改善すると考えました。弊社は、基礎的な仕組みや考え方から業務プロセス、データ構造の見直し、それを実現するテクノロジーまでを総合的に考えることにしています。そのため、一般的なRevOpsよりも、広い領域でビジネストランスフォーメーションに取り組んでいます。

■顧客体験と社員体験のデザイン

統合的に顧客体験をどのようにするかを考え、改善を続けることは非常に大切です。しかし、**顧客体験と対になるのが社員であることも忘れてはいけません**。特にB2B事業では、あらゆる役割を持つ複数の社員が分担し、お客さまへの体験を提供することで1つの大きな顧客体験を形成しています。顧客体験を深く考察し、考え抜くことも大切ですが、現在はあえて「社員の体験を重視することが、結果として収益を押し上げることに大きく寄与する」という考えを大切にしています。

取り組みの方向性を少しお話すると、大きく分けて2つの方向性があります。**1つ目は、世界中の社員体験を知ることです。**同業種の通信事業者における世界標準の業務プロセスやデータ構造、テクノロジーを改めて丁寧に把握するようにしています。また、世界中のB2B事業会社から、実際の社員体験がどのようになっているかなどの意見を聞くようにしています。

2つ目は、社員体験を高解像度で把握することです。朝から晩まで四六時中張り付いて、どのような行動を、どのような目的で、どのようなツールやシステムを利用し行ったのかを1分単位で詳細に記録し、そこから深い考察を行います。集めた具体的な情報から、抽象度を上下させつつ要因と本来あるべき姿を描きます。現状把握に四六時中張り付くのは手間がかかりますが、非常に有効な方法です。例えば、社員にアンケートで広く声を集めるなども考えつきますが、社員にあまりに習慣化された日常は、すでに何がよいのか悪いのか鈍感になっている場合もあります。1000名規模でアンケートを回答させても本質的な要因に迫るのは難しくなります。集まった課題から対処するのは短期的な取り組みでは有効ですが、中長期の変革レベルの変化を求める場合、考察としては薄いと感じています。そこでRevOpsの専門知識を持った担当者が、社員体験をすることで、「（その社員のためにも）絶対にビジネストランスフォーメーションを実現するぞ！」という当事者意識を持つことにもつながってきます。RevOpsのような広い仕組みの変化は簡単なものではありません。そこで必要なのは、社員の人としての変化です。これは世界中の企業で私と同様の取り組みをしている人たちから、同じことを何度も聞きました。そのため、人の変化に着目し、常に気にかけるようにしています。

■今後のレベニューオペレーション室の展望

レベニューオペレーション室では、あえて現在存在する課題の局所的な解決に取り組むことに対しては優先度を落とし、**未来に向けた次世代の社員が活躍することの実現をミッションに掲げています**。過度に現状に固執すると、現状の延長線上で考えることになり、未来の姿を新しい形で描く視点を失ってしまうからです。

長期的な活動のため、大きなローンチや改善はまだこれからですが（２０２４年６月時点)、2024年度中には一定の形になるよう取り組んでいきたいと思っています。急速な市場変化に対応するため、**事業の競争力を高めるために特に機敏性と迅速性という2つのスピード向上を意識しています**。顧客体験、社員体験を向上するため、プロセスやデータ、テクノロジーの3つを改善し、機敏性と迅速性の2種類のスピードを上げ、それを事業全体に広げて取り組みます。ここがとても挑戦的で興味深い業務だと個人的に思っています。

生産性が高い働き方を社内では「カッコいい働き方」という言葉で表現しています。現在の取り組みが2年、3年と経つにつれ浸透し、社員皆が社内外から憧れられるような素晴らしい社員体験をデザインし、実現したいと思います。社員がカッコよくなれば、お客さまに対しても素晴らしい顧客体験をお届けすることができるものです。そしてそれが売上や利益になって自社に戻ってくる……このような循環を創り出すことが、ソフトバンクのレベニューオペレーション室の価値だと信じています。表計算ソフトで数字を素早く出せればカッコよかった時代もありましたが、2024年には2024年の、来年には来年の、その時々に合わせたカッコよさが求められているということです。RevOpsの仕事は多数のテクノロジーに触れるため、その進化を間近に感じられる仕事です。時代変化を楽しめる点も面白い職種だと思います。

第8章

レベニューリーダーズのインタビュー

01

AI駆動のRevOpsプラットフォームで信頼、透明性、フォーキャスト能力を実現
——Clari(クラリ)

ケビン・クニエリアム

ケビン・クニエリアム

戦略的GTMプレジデント

さまざまな大企業やスタートアップの営業、レベニュー組織構築において20年以上の経験を持つ。クラリ入社前はDataScience.com（2018年6月にオラクルが買収）でCROを含む数々のリーダーシップポジションを務め、まだ収益を生み出していない段階からオラクルによる買収まで、レベニュー組織全体を推進。以前はSAPにて10年以上のキャリアを積む。セントジョセフ大学の学士号、およびIESEビジネススクールエグゼクティブリーダーシッププログラム卒業。

■クラリについて

クラリはAIと機械学習が組み込まれたレベニューオペレーションプラットフォームです。収益の創出はどんな企業においても最も重要なプロセスですが、データドリ

ブンで管理することは容易ではありません。クラリは、AIと機械学習を活用してシステム、従業員、そしてレベニュープロセス全体を統合、分析、管理し、CROとRevOpsチームを支援するために設計されたプラットフォームです。収益向上に関わる重要なテクノロジーを単一のプラットフォームに統合することで、内部および外部のワークフローを実行するための高度な機能を提供しながらも複雑さを抑え、コスト削減とレベニューの最大化を推進します。

■ 社内におけるRevOpsの役割

クラリではレベニュー組織のオペレーションとイネーブルメントを担当するシニアバイスプレジデントを中心に、収益創出に関わる全てのチームにおいてクラリを活用して、リアルタイムのデータをもとに最適なレベニューケイデンスを実行しています。レベニューケイデンスとは、収益の成長とフォーキャスト精度を高めるために設計された一連の戦略的・戦術的なアクションプロセスのことです。計画、定期的なレビュー、分析、データドリブンな意思決定、部門をまたぐ連携、改善などが含まれ、効果的に実施されると一貫性を持って収益成長し予測精度が高位安定します。オペレーションとイネーブルメントをセットにしているのは、レベニュー組織全体で従業員のスキルや支援を行わなければ目標達成は困難だからです。私たちの組織では、RevOpsリーダーがトップオブファネルで行う全オペレーションを指揮し、レベニュープロセスやポリシー、営業テリトリーの分割から既存顧客の契約更新まで基本的な収益の創出活動の全てを管理しています。そのため**ＣＲＯとRevOpsの責任者は強固な協調関係で結ばれており、当社の経営会議や取締役会においてはタッグを組んでビジネス状況を報告しています。つまり、ＧＴＭ戦略の中心はRevOpsにある**のです。

■レベニュー組織における最先端のＡＩ活用

クラリではＡＩカウンシル※を持ち、約10年前からＡＩの活用を行ってきました。ＣＲＭとそれ以外のシステムのデータを統合し、過去データから未来を予測する、プレディクティブＡＩの分野からスタートし、フォーキャスト、契約更新、解約防止などの領域でプレディクティブＡＩモデルを導入してきました。

次に取り組んだのがディスクリプティブＡＩです。データからインサイトを抽出するその機能で、顧客との電話の内容や反応などを要約・分析し、チャンスやリスクが

※企業のAI戦略を最適化するために設立されるAI技術の開発や利用に関する諮問機関。AI技術の開発や利用に関するガイダンスや戦略を策定する。倫理的側面、技術的な進歩、ビジネス影響を検討する

どこにあるかを提示しています。担当者がより適切な判断を下せるようにサポートするのです。

そして現在、特に注目しているのが生成ＡＩです。生成ＡＩはファネル上部、商談の作成や更新など、レベニュー組織の基本的なタスクを自動化します。営業担当者の仕事の多くは反復的なものです。企業や見込み客の分析や、電話した内容を踏まえたＥメールのドラフトなどは全てＡＩに任せ、営業担当者は営業活動のアートの部分、つまり顧客との関係構築に集中することができるようになります。

ＧＴＭ戦略を推進してきた業界では、生成ＡＩのみならずＡＩの機能を全面的に使用すると、営業プロセスの高速化および効率化を実現することができるでしょう。ＡＩがＷｅｂサイトを運営したり、ＡＩがアウトバウンドやフォローアップメールなどを全て自動化したりする未来は近いと思います。セールスイネーブルメントの分野では、営業担当者に対するリアルタイムのコーチングやシミュレーションでＡＩが活用されるでしょう。また、カスタマーサクセスにおいては適切なタイミングで行う顧客のフォローアップや解約リスクの特定などにも大きな役割を果たすでしょう。このようにレベニュー組織におけるＡＩ活用の幅は大変広く、これからも目が離せません。

■ＣＲＯに求められる透明性、信頼、フォーキャスト能力

ＣＲＯはＣＥＯや取締役会とともに会社の方向性を推進する戦略的なパートナーです。ＧＴＭ戦略全体の収益活動を統括し、四半期ごとの成績だけを考えるのではなく、この先２、３年にわたって予測可能で持続可能なレベニュー創出をどう実現するかを戦略的に考え、透明性を持って他の経営層に共有し連携する必要があります。この役割を果たすうえで**正確なフォーキャスト能力は必要不可欠です。**

どの企業にも経営計画がありますが、フォーキャストなしには戦略的な経営計画を立てることはできません。例えば、「今期と来期の業績予想が上回る」とデータを根拠に推測できれば、適切に営業計画を修正・変更し、採用を加速させたり、新しい生産拠点を増やしたりなどの経営判断ができます。勘と経験を頼りにこのような大きなビジネスの意思決定はできません。**正確なデータと透明性、そしてＣＥＯや取締役会からの信頼を持って初めてデータドリブンな経営意思決定ができるのです。**予測をせずに状況に対して後から対処するようなアプローチでは持続的なレベニュー創出は見込むことができないのです。

CROはフォーキャストにもとづいて適切な判断を行いますが、実際にフォーキャストを行うのはRevOpsです。つまりCROがパイロットだとすると、RevOpsは風速や天候などを測る計器のような存在で、逆風が吹いていたらそれを早めに特定し、空路変更する役割を担っています。実際には目標を達成するために必要なパイプラインをカバーできているか、コンバージョン率はどうか、受注後はサービスや製品を定着化できているか、契約更新の可能性はどれくらいかなどのさまざまな観点で、データ、システム、プロセスを使って分析します。

しかし、これは容易ではありません。**CROの平均在職期間が1年半ととても短い理由の1つはこれらのフォーキャストを適切にできず、適切な経営意思決定が下せないこと**が挙げられます。クラリはレベニュープロセスを適切に実行するためのツールと、それがうまくいっているかどうかを知るためのデータ、リアルタイムのフィードバックを提供するため、RevOpsはもちろん、これらをもとに経営判断を行うCROの右腕となるのです。

CROは、透明性、信頼、フォーキャスト能力、これら3つのバリューを徹底して追い求めることが重要になるでしょう。継続的な改善とイノベーションに注力することで、最先端の技術を通じてRevOpsの支援を続けていきたいと思います。

02

大企業に必要不可欠なスケーラブルなRevOps構築——Openprise（オープンプライズ）

エド・キング

エド・キング

Openprise（オープンプライズ） 創業者 兼 CEO

アクスウェイ、フォーデル（Vordel）、クオリス、アジライアンス（Agiliance）、オラクルなどでマーケティングおよびプロダクトマネジメントのバイスプレジデントを歴任。マーケティングオートメーションソフトウェアの導入を計4度経験する中でデータの品質の悪さに課題を感じ、オープンプライズを創業。

■ オープンプライズについて

オープンプライズはRevOpsのためのデータオートメーションプラットフォームです。主な機能は3つあります。RevOpsが管理するCRM、MA、その他システムのデータ管理、そのデータを使用したバックオフィスのビジネスプロセスの自動化、それらのデータをエンドユーザーがセルフサービスで使えるようにするデータエンゲージメントです。昨今では多くのワークフローはデータ中心であり、ＡＩによりこの流れはこれからも指数関数的に成長することが予想されます。しかし多くのツールはこのような大量のデータを処理できるように設計されていません。オープンプライズではデータ集約プロセスに特化し、エンタープライズ企業が求めるミドルウェアやカスタムコードに頼ることなく、複雑なプロセスにも耐えうる十分な柔軟性と拡張性を強みにしています。

■ 経営者から見たRevOpsの役割と重要なポイント

RevOpsはただ単にMOps, SalesOps, CSOpsをまとめるのが役割ではありません。経営者の立場から見て重要なRevOpsの役割は5つあると考えています。

❶ バイアスのない第三者としてレポーティングを担うこと

マーケティング、営業、カスタマーサクセスがそれぞれレポーティングを行っても、データが一致することはほとんどありません。誰しも自分の業績はよく見せたいいものですし、データの質自体がよくないことも考えられます。RevOpsが偏りのない第三者として入り、データを分析し報告することが大変重要です。

❷マーケティング、営業、カスタマーサクセス間のアライメント

オペレーションの観点でGTM組織をまとめ、各部署が別々の方向を向いてしまうことを防ぎます。

❸ギャップフィリング

レベニュープロセスの中でどの部署にも明確な責任がなく、ギャップが生じることがあります。これらはRevOpsおよびレベニューチームが担当するものとすることで、3つの部署間のアライメントをとっています。

❹ビジネスインサイトの提供

RevOpsにはただ事実を報告するだけでなく、そのデータを深く理解し、分析したビジネスインサイトを報告することを求めています。

❺GTMテクノロジースタックの管理

マーケティング、営業、カスタマーサクセスがそれぞれの予算で欲しいツールを導入するとデータやインサイトがサイロ化してしまいます。RevOpsがレベニュープロセスの最初から最後まで一貫管理することで、非効率性のないテクノロジースタックを構築します。

■スケーラブルなRevOps組織の構築

RevOpsはさまざまなシステムのいわば門番として機能するため、多くの業務はエンドユーザーが挙げたチケット処理に当てられています。労働集約型ではなく、事業の拡大が容易なオペレーションを実現するためには、自動化とセルフサービス化する場所をしっかり決めることが重要です。大きな組織では特に、この体制なしに中央のオペレーションチームから各人に展開することは大変困難です。エンドユーザーに渡すべき権限と徹底管理すべき線引きをする必要があるのです。

■これからの時代に耐えるRevTechアーキテクチャ

今日、多くのテクノロジースタックがポイントソリューションのつなぎ合わせで成り立っています。SAPの最新の調査によると、企業はテクノロジースタックに平均90以上のテクノロジーを使用しています。この数はこれからも増加すると考えられていますが、この構成ではもはや専門チームがいても管理しきれなくなっています。また、多くのテクノロジーが縦割り組織のためにデザインされているため、必然的にデータのサイロ化が進んでしまいます。RevOpsがレベニュープロセスの最初から最後まで一貫して管理するには、部門横断的に活用できるテクノロジースタックの構築が鍵になります。このような理由からポイントソリューション同士をつなぐスタイルからプラットフォームへの移行が起きています。

理想的なテクノロジースタックは主に3つの層で構成されます。最下層にSoR（システムオブレコード）、中間にインフラストラクチャーレイヤー、そして上部にエンゲージメントレイヤーがあります。基本的にシステムレコードおよびインフラストラクチャーレイヤーは変更が困難でコストがかかるため、頻繁に変えることはありません。一方中間・下層部がしっかりしていれば、エンゲージメントレイヤーは簡単に入れ替えが可能です。テクノロジーの進化やニーズに合わせて柔軟に対応できるテクノロジースタックを構築できるわけです。

あるお客さまは、これまでマーケティングデータをＭＡに集約していましたが、最下部レイヤーにデータリポジトリとしてSnowflake、中間レイヤーに自動化ツールとしてオープンプライズ、そして上部レイヤーにメール配信ツールとしてOutreachに置き換えました。横串に管理するプラットフォームを使い完全に異なるアーキテクチャでＭＡの機能を再現し、コンポーザブルマーケティングオートメーション化したわけです。このように横串でデータを見られるようになると、RevOpsが必要としているレベニュープロセスの一貫したインサイトが見えるようになり、部門間でデータを柔軟に使えるようになります。

■ RevOpsチームを立ち上げる組織へのアドバイス

RevOps組織の立ち上げを成功させるためには、幹部層の理解と支援が必要不可欠です。RevOpsがＣＥＯまたはＣＯＯに直接レポートできるような組織体制を整えましょう。組織によっては最初から幹部層の支持を得るのが難しいと思いますが、できるだけRevOpsの中立的な立場を確立させ、バイアスをできる限りなくすことに徹しましょう。**RevOpsは、マーケティングにも、営業にも、カスタマーサクセスにも偏見を持たず、第三者としてレポートできることが一番重要です。**

03

データドリブンなレベニュー組織管理が企業にもたらすビジネスの可視性
——Xactly（エグザクトリー）　アーナブ・ミシュラ

アーナブ・ミシュラ

CEO

投資銀行業務でキャリアをスタートした後、トランセラ（Transera）で10年以上勤務し、プレジデント兼ＣＯＯに就任。トランセラがブロードソフト（BroadSoft）に買収された際には、企業のリーダーシップチームの一員として、ビジネスユニットのリーダーを務め、70以上の新規顧客や25以上のチャネルパートナーを獲得。スマートアクション（SmartAction）、ジングツリー（Zingtree）、シグニファイ（SignifAI、ニューレリック［New Relic］に買収）で取締役およびアドバイザリーを歴任。ペンシルベニア大学で経済学の学士号およびハーバードビジネススクール修士号を取得。

■エグザクトリーについて

エグザクトリーは２００５年に創業以来、インセンティブ報酬の重要性と営業成績の向上に焦点を当て、収益最大化のための支援をしています。2021年には日本法人を設立し、さらに日本企業の支援を強めています。当社は戦略的な営業計画、インセンティブ報酬管理、そして高精度なフォーキャストとパイプライン管理の3つの領域においてプロダクトを展開しており、多くのレベニュー組織や営業組織に採用されています。

■ 収益最大化に必要な3つのポイント

収益最大化に重要なポイントが3つあります。第1に、適切な市場はどこか、どのようにテリトリー分割するべきか、どのように公平で公正なノルマを与え、担当者に割り当てるかなどの営業計画を緻密に立てることです。これらは多くの企業でスプレッドシート管理されていますが、さまざまな部署とともに設計する営業計画は大変複雑で、管理が煩雑になることが多く、データドリブンに効率よく行うにはシステム管理することが必要です。

第2のポイントは立てた営業計画を実現するため、営業担当者を支援することです。米国と日本で文化的な違いはありますが、営業計画の目標達成には適切なインセンティブと報酬プランが必要です。例えば見積書の作成時に受け取れるコミッションを自動計算し、他に提案できることはないか、アップセルの可能性はないかなどを営業担当が能動的に考え行動するようサポートするのです。

第3のポイントは、パイプラインとフォーキャストを効果的に管理することです。パイプラインにどのような商談があるか、各商談の健全性はどうか、次にとるべきステップは何か、担当者に対してどうコーチングをすべきかなどを分析することが必要です。正確なデータをもとに、プロセスを自動化することで非常にきめ細かい予測を行い、レベニューライフサイクル※をより厳密に管理することができるのです。これら3つすべてを実行することがレベニュープロセスの効率化と最大化に必要不可欠です。

■ 正確なフォーキャストがもたらすもの

企業のCEOとして、**フォーキャストはビジネスの健全性を把握するのに最も重要なことの1つ**だと考えています。まず業務的観点から見ると、正確なフォーキャストをするためには商談の精査、進め方、データ入力の際のデータ衛生管理など、多くの

※企業が売上を生み出し、維持し、成長させる過程を指す

ルールが必要です。これらを設定することでデータドリブンな意思決定をすることができるようになります。正確なフォーキャストがなければ、営業リーダーは商談の適切な管理ができず、営業担当と営業リーダーの感覚や勘に頼るほかありません。仮に毎週・毎月フォーキャストが外れているのであれば、営業チームのデータ衛生やルール管理に問題があることがわかります。**つまりフォーキャストは警告システムのようなもので、営業活動が正しい方向に進んでいるか、確認する役割を果たすのです。**

経営者としての戦略的な観点でもフォーキャストは重要です。経営者の仕事は、現在はもちろん、将来に向けたビジネスの正しい舵取りをすることです。**このような決断を下すために、今後どのようなビジネス状況が予測されるかを示すフォーキャストが必要不可欠なのです。**

■生成ＡＩの効果的な活用や柔軟な拡張性が鍵

昨今企業が直面する課題は大変複雑になっており、変化に迅速に対応し、効率的にトップラインを成長させることが求められています。この鍵となるのが生成ＡＩの活用と柔軟な拡張性を持ったシステムです。

当社では創業以来収集してきた営業パフォーマンスデータセットとそれをもとにトレーニングしている生成ＡＩの機能を持っています。膨大な営業成績の集計データを匿名化およびデータベースの正規化をすることで、営業パフォーマンスの大変興味深い実証データを収集しているため、「製造業の中堅企業向けの一般的な営業プランと、その構成要素は？」という問いに対し的確にナビゲートすることができます。

このようなベンチマークデータと、そのレコメンデーションを可能にするＡＩ機能は企業が意思決定するうえで大変重要になってくるでしょう。また、各企業のニーズに全て対応するには柔軟な拡張性も必要不可欠です。これまでさまざまな企業と取引をしてきましたが、どの企業もRevOps業務の7～8割は標準化されており、行っていることはほぼ同じです。この部分はシステムで容易に管理できますが、問題は残りの2～3割です。企業によっては特有のケースやニーズがあり、必ずしもベンダー側が描いたシナリオに沿うわけではありません。これまではカスタム開発などで補ってきましたが、維持費用が高く、顧客の満足度は低いのが現状でした。そこで当社はこのケースに迅速かつ効率的に対応するために、拡張性を製品に取り入れました。こうすることで1つのシステムで対応し、より正確なレベニューパフォーマンスの管理ができるようになります。これらの機能は効率的なレベニュー管理を実現します。

■ データドリブンな意思決定の重要性

前述のようにデータドリブンにレベニュー組織を管理することは大変重要です。特に営業活動においては、いまだにサイエンスよりもアートが重視されることが多いように思います。**しかし、営業チームのマネジメントの本質はサイエンスです。**

緻密に練られたテリトリーや目標、それを達成するための適切なインセンティブがあれば、営業担当者は顧客への価値提供に集中できます。また、ＣＲＯの役割は大変幅広く、営業マネジメントのみならず、企業の収益の増加を可能にするさまざまな調整弁を全て最適化する必要があります。一般的に新規収益の獲得に重点を置く営業リーダーとは異なり、ＣＲＯはリテンションの改善、機能追加に伴う価格改定、新規顧客の獲得、クロスセル・アップセルの改善などレベニュープロセス全体を通した収益化を改善することを最大の目標としています。これらの複雑な意思決定はデータをもとに行う以外に方法はありません。

優秀なＣＲＯは市場サイクルを深く理解し、需要が高いときは新規顧客の獲得に集中する、需要が低いときはリテンションの最適化に時間を費やすといったように、意思決定をする能力を持っています。これをサポートするのがRevOpsチームです。RevOpsに必要なツールを与えて運用効率を高め、真のビジネス価値に集中できるような環境をつくることで数四半期先を見据えたデータドリブンな戦略的判断の支援ができるようになるでしょう。

おわりに

最後までお読みいただき、誠にありがとうございます。本書が皆さまのレベニュー組織の持続的な成長において少しでもお役に立てればとても幸せなことです。

RevOpsはこれからの時代において、レベニュー組織が顧客に価値提供し成長していくために不可欠なコンセプトです。そしてＡＩ活用など最先端のテクノロジーの進化は想像を超えるスピードで展開しており、戦略実現に向けたRevOpsの担う役割には今後もますます期待が高まっていくでしょう。

■ロゴス、エトス、パトス

今年米国で開催されたカンファレンスに二度参加し欧米のRevOpsの方々と交流する機会がありました。欧米ではさまざまな業界ですでにRevOpsが組織化され、概念も浸透しています。トップダウンによって発足した組織もあれば、既存のオペレーション部門から経営層へ啓蒙して発足した組織もありました。いずれの場合も、RevOpsは組織変革の取り組みであり、経営層のコミットメントは不可欠です。

先行して取り組み、試行錯誤して壁を乗り越えた方々の話を聞いていると、論理（ロゴス）だけではヒトは動かないということを再び深く認識させられます。データをただ突きつけるだけでは意味がなく、相手を動かす言葉とともにデータを提供すべき点はどちらのカンファレンスでも語られていました。ヒトは社会にとって価値があるもの（エトス）に動機づけられます。顧客や社会にどのようなインパクトをもたらすのかを本質的に理解できてこそ、努力や進化につながるのです。そして経営層もRevOpsも、組織として目指すべきビジョンの実現に向けて熱意（パトス）をもって発信し取り組むからこそ、持続的に発展し続けることができます。**最先端のテクノロジーの活用やデータドリブンといっても、それは決して無機質なものではなく、組織はヒトであり、ヒトは論理だけで動くことはないということを忘れないようにしたいものです。**

■出版に関わった皆さまへの御礼

まずは本書の企画段階から編集、刊行に至るまでの長期にわたって多大なるご支援をいただいた翔泳社の大久保遥さまに心より感謝申し上げます。まだ新しい概念であるRevOpsについて理解を深めてくださり、方向性や内容について議論の機会を得ることで完成できました。きめ細やかなアドバイスをいただき、本当にありがとうございました。

本書のインタビューにご協力いただいたクリエイティブサーベイの石野真吾さま、

Gainsightの絹村悠さま、ソフトバンクの山田泰志さま、国内でまだ専門家が少ないこの領域で皆さまのお話は読者の方々にとっても刺激ある内容だと思います。ご協力いただき、誠にありがとうございました。また、本書ではグローバルリーダーの方々にも多くご協力いただきました。クラリのケビン・クニエリアムさま、オープンプライズのエド・キングさま、シーメンスのギソ・ヴァン・デル・ハイデさま、エグザクトリーのアーナブ・ミシュラさま、突然の依頼にもかかわらず日本国内でのRevOpsの啓蒙に快くご協力いただき、本当にありがとうございました。

そして、私がＩＴの世界に足を踏み入れたきっかけであり恩師であるジャパン・クラウド・コンサルティングの福田康隆さま、いつもお心遣いいただき誠にありがとうございます。

最後に、共著者であるゼロワングロースの丸井達郎さん、廣崎依久さん、２人のサポートなくして本書を書き上げられなかったことは言うまでもありません。いつも支えていただき、大変頼もしく感じ、心から感謝しています。ありがとうございました。

皆さまのさらなるご活躍を切にお祈りいたしております。

2024年9月　エンハンプ株式会社　川上エリカ

本書内容に関するお問い合わせについて

このたびは翔泳社の書籍をお買い上げいただき、誠にありがとうございます。弊社では、読者の皆様からのお問い合わせに適切に対応させていただくため、以下のガイドラインへのご協力をお願いいたしております。下記項目をお読みいただき、手順に従ってお問い合わせください。

●ご質問される前に

弊社 Web サイトの「正誤表」をご参照ください。これまでに判明した正誤や追加情報を掲載しています。

正誤表　https://www.shoeisha.co.jp/book/errata/

●ご質問方法

弊社 Web サイトの「書籍に関するお問い合わせ」をご利用ください。

書籍に関するお問い合わせ　https://www.shoeisha.co.jp/book/qa/

インターネットをご利用でない場合は、FAX または郵便にて、下記“翔泳社愛読者サービスセンター”までお問い合わせください。
電話でのご質問は、お受けしておりません。

●回答について

回答は、ご質問いただいた手段によってご返事申し上げます。ご質問の内容によっては、回答に数日ないしはそれ以上の期間を要する場合があります。

●ご質問に際してのご注意

本書の対象を超えるもの、記述個所を特定されないもの、また読者固有の環境に起因するご質問等にはお答えできませんので、あらかじめご了承ください。

●郵便物送付先および FAX 番号

送付先住所　〒 160-0006　東京都新宿区舟町 5
FAX 番号　03-5362-3818
宛先　（株）翔泳社 愛読者サービスセンター

索引

■ A～G

■ H～X

■ あ行

■ か行

■ さ行

■ た行

■ は 行

■ ま 行

■ ら行

著者プロフィール

川上 エリカ（かわかみ・えりか）

エンハンプ株式会社 代表取締役 兼 ゼロワングロース株式会社 取締役 CRO
株式会社マルケト（現アドビ株式会社）でインサイドセールス部・ゼネラルビジネス営業部を統括し、企業の営業組織改革・プロセス改善・マーケティングオートメーションによるデジタルシフト・スタートアップにおけるテクノロジーを活用した組織構築を支援。株式会社みずほ銀行、株式会社リクルートおよび外資系IT企業での10年超の法人営業経験、トップセールス・最優秀社員として国内外において多数の表彰実績を持つセールスモデル実践経験、マネジメントとしての事業成長牽引の経験を持つ。2022年エンハンプ株式会社を設立し、代表取締役に就任。2022年11月にゼロワングロース株式会社取締役に就任。

丸井 達郎（まるい・たつろう）

ゼロワングロース株式会社 代表取締役
株式会社マルケト（現アドビ株式会社）にて営業およびマーケティング分野の戦略コンサルタントとして、実現性の高い戦術設計に重点を置いたフレームワークを活用して、多くの顧客企業のDXを成功に導く。また、グローバルでわずか6名しかいない戦略コンサルティングチームにも所属し、グローバル規模の大型プロジェクトもリードした。オンライン広告やWebサイト最適化、マーケティングオートメーション及びSFAをはじめとしたセールステックまで幅広い知識を有し、自身もマーケターとして、企業の成長に大きく貢献した経験を持つ。テクノロジースタートアップ企業の海外進出などにも従事している。2021年ゼロワングロース株式会社設立、代表取締役に就任。仏INSEADにてCGM(Certificate in Global Management)プログラム修了。著書に『「数字指向」のマーケティング』と『マーケティングオペレーション（MOps）の教科書』（いずれも翔泳社）がある。

廣崎 依久（ひろさき・いく）

ゼロワングロース株式会社 取締役COO
大学在学中に株式会社マルケト（現アドビ株式会社）にてマーケティングインターン終了後、渡米。大学院にてマーケティングを学んだのちシリコンバレーに移りEd Techのスタートアップ企業、Courseraにてエンタープライズマーケティングオペレーションに従事。その後シンガポールに渡りAd TechベンダーのMediaMathにてAPAC地域のグローバルマーケティングオペレーションを担当。デジタルマーケティングのみならず、イベント・PRの実行経験も持つ。現在はゼロワングロース株式会社にてGrowth Strategyをリードし、クライアント企業へのコンサルティングサービス開発のみならず、自社の教育サービス開発なども担当する。著書に『マーケティングオペレーション（MOps）の教科書』（翔泳社）がある。

装丁・本文デザイン　小口 翔平＋後藤 司（tobufune）
DTP　株式会社 明昌堂

レベニューオペレーション（RevOps《レブオップス》）の教科書

部門間のデータ連携を図り収益を最大化する米国発の新常識（MarkeZine BOOKS《マーケジン ブックス》）

2024年　9月 25日　初版第1刷発行
2024年 11月 15日　初版第2刷発行

著 者　川上《かわかみ》 エリカ、丸井《まるい》 達郎《たつろう》、廣崎《ひろさき》 依久《いく》
発行人　佐々木 幹夫
発行所　株式会社 翔泳社（https://www.shoeisha.co.jp）
印刷・製本　中央精版印刷 株式会社

本書へのお問い合わせについては、328ページに記載の内容をお読みください。

落丁・乱丁はお取り替えいたします。03-5362-3705 までご連絡ください。

ISBN 978-4-7981-8733-4　Printed in Japan